La Biblia sobre el Aborto

El derramamiento de sangre inocente

Bruce Benson

La Biblia sobre el Aborto

El derramamiento de sangre inocente

Publicado por Heart Wish Books
Cambridge, Massachusetts

heartwishbooks@gmail.com

Todas las citas bíblicas son paráfrasis del autor a menos de que
estén señaladas

Las citas bíblicas marcadas con (KJV) son de
la versión del Rey Jacobo en el dominio público

Número de control de la Biblioteca del Congreso: 2022913005

ISBN: 978-0-9998039-9-8

Religión - Teología cristiana - Ética
Religión - Vida cristiana - Temas de mujer

Otros libros por Bruce Benson

Momentos AJÁ de la Biblia

Los Testigos de Jehová odian a Jehová

Teología de la validación gay: Una exposición explícita

La Iglesia Católica: mujer fatal

Charla sobre la Biblia: 50 dibujos literales explicados

¡Prueba mi cuestionario bíblico!

Hablar en lenguas: Shamana bo-jo ro-to

José refleja a Jesús: Dadores de vida

Otros libros del autor en inglés

The Bible on Abortion: The shedding of innocent blood

AHA moments from the Bible

Jehovah's Witnesses Hate Jehovah

Gay-affirming theology: An explicit exposé

The Catholic Church: femme fatale

Bible Talk: 50 literal drawings explained

Try my Bible Quiz

Speaking in tongues: Shamana bo-ho roe-toe

Joseph Reflects Jesus: Lifegivers

Contenidos

Capítulo Uno

Hechos simples

Algunas palabras antes

Este es el plan -
Sólo hablaremos un rato. He hecho el trabajo por ti. Relájate y lee.
Luego llegamos al Capítulo Cuatro. Tiene un montón de Biblia. ¿Eso te
desanima? Bueno, estás leyendo un libro llamado La Biblia sobre el
aborto. Y en el Capítulo Cuatro necesitaré que dejes que Dios salve tu
alma.

En el Capítulo Siete te mostraré cómo hacer el trabajo. Necesito que
empieces a hacer un estudio bíblico serio. Entonces habrá una persona
menos en el mundo que diga cosas que no entiende porque no estudia
la Biblia.

Sobre mis respuestas a las preguntas sobre el aborto –
Podrías pensar que las respuestas no pueden ser tan simples; pero lo
son. Y caben en este pequeño libro. Sí, las respuestas son simples. Pero
se necesita mucho trabajo para extraer las respuestas de la Biblia y
presentarlas a las personas de manera de que puedan entenderlas.
Agradece a Dios si te da ese trabajo. Es el mejor viaje. Descubrirás los
tesoros más preciosos. Te transformará. Y aprenderás que el verdadero
amor es compartir esos tesoros con los demás.

¿Por qué hago mis propias paráfrasis?
Una paráfrasis es cuando se dice: "En otras palabras..." Pongo los
versículos de la Biblia en otras palabras –en palabras que la mayoría de
las personas entienden. Desenredo los nudos y suavizo los versículos
para que sean más fáciles de leer; para que el significado sea más fácil
de ver, y para que sea más fácil para ti obtener placer y satisfacción de
la Biblia. Ese es el trabajo de los cristianos cualificados. Todos
necesitamos a las personas que hacen eso. Nos ayuda con nuestro
propio trabajo.

¿Estoy cualificado para hacer paráfrasis? Sí. Dios me dio su Espíritu
Santo, un ministerio y dones espirituales. Y he sido un serio estudiante
de la Biblia durante muchos años.

Mi esperanza es que Dios te hable y cambie tu corazón. Todos nosotros
necesitamos que Dios limpie nuestros corazones pecadores.

Bruce Benson

¿Cuál es la pregunta correcta?

¿Dónde está el versículo de la Biblia que dice que no hay que abortar?

No hay ningún versículo. Pero sí hay un versículo que dice que no se debe asesinar a una persona. La única manera de que el aborto pudiera ser legal sería si el feto fuera una cosa, como el papel higiénico usado. Si un feto es una persona entonces no hay necesidad de un versículo que diga no abortar.

¿Es el feto una persona? Esa es la pregunta correcta.

¿Dónde está el versículo de la Biblia que dice que un feto es una persona?

No hay ningún versículo. No es necesario. Cuando Dios habla de un feto utiliza las mismas palabras y expresa los mismos sentimientos que cuando habla de las personas que han nacido. Dios siente lo mismo si abortas un feto que si matas a tu hija de cinco años a hachazos.

Te he dado la conclusión por adelantado.

En el capítulo nueve verás cómo Dios nos enseñó que un feto es una persona (páginas 95 a 102).

Un niño entra en el vientre materno en el momento de la concepción y pasa de cigoto unicelular a embrión y luego a feto. Utilizaré la palabra feto para referirme a un niño en el útero desde la concepción hasta el nacimiento.

No mates a una persona
Dios, Éxodo 20:13

¿Puedes determinar cuándo comienza la vida?

¿Qué es eso? ¿No puedes determinar cuándo comienza la vida? Oh, pero Dios dijo que sí puedes. Lo sabes cuando lo ves. Dios te dio dos ojos, un cerebro y una conciencia. Eso es todo lo que necesitas. Dios sabe que estás mintiendo.

Y tú has tenido la ventaja de acceder al conocimiento que Dios nos dio en la Biblia –además de una mente brillante, la mejor educación que el dinero puede comprar, autoridad, influencia y una excepcional habilidad para hablar. Imagina lo que podrías haber hecho para rescatar a los niños. Fracasaste. Dios odia que pretendas no saber que personas inocentes están siendo llevadas a la muerte.

¿No puedes determinar cuándo comienza la vida? Entonces, estás admitiendo que podrían estar vivos. En ese caso, deberías pedir a gritos el cese inmediato de todos los abortos hasta que lo puedas determinar. ¿Y si están vivos? ¿Y si lo sienten? No sabes cuándo comienza la vida, pero sonríes y bendices el aborto. Eso es frío.

Estás haciendo una broma de algo que Dios se toma muy en serio. El Dios en el que dices creer valora la vida humana. Muestras un desprecio imprudente por la vida humana –una negligencia deliberada.

En el Día del Juicio no tendrás problemas para determinar cuán enojado está Dios contigo.

> Personas inocentes están siendo asesinadas.
> Ves cómo tiemblan al ser arrastradas para ser sacrificadas.
> Pero no las agarras y las sacas de allí.
> No gritas: "¡Alto!
> Miras hacia otro lado.
> No les salvas la vida.
> Entonces dices: "No lo sabía".
> Aquel que salva tu vida lo sabe.
> Dios busca a través de tus pensamientos y sentimientos.
> Y Dios devuelve a cada uno lo que hace.
> Proverbios 24:11-12

Capítulo Dos

¿Qué es el aborto?

Nombres usados en este libro

La expresión proelección fue diseñada para ocultar la verdad.

Voy a abordar la realidad. El aborto es el asesinato sangriento de un niño. En lugar de proelección, los llamaré como Dios los llama; los llamaré los Sanguinarios.

> No te escucharé cuando reces
> porque tus manos están llenas de sangre.
> Dios, Isaías 1:15

El nombre en inglés que le doy a los que se oponen al aborto es "Speakfors"; que quiere decir,

> Alza la voz por aquellos que no pueden hablar.
> Proverbios 31:8

Un acto de crueldad

El aborto es legal porque unas personas con autoridad dijeron que un niño en el vientre materno no es una persona. Por eso los políticos pueden decir que un niño en el vientre no tiene derechos legales y que puede ser asesinado hasta el mismo día del parto; es decir, que puede ser asesinado en el día de su nacimiento.

Esta es la verdad. Si eres humano, eres una persona. Y tienes el derecho a vivir dado por Dios. Un niño en el vientre materno es una persona. Eso está demostrado por la Biblia y por la ciencia. Y está demostrado por la observación y la experiencia. No existe un niño que no sea una persona.

O eres 100% persona o eres 0% persona. No existe una persona al 75%. Entonces, si dices que un feto no es una persona estás diciendo que es una cosa.

Y si es así, ¿por qué ustedes, los Sanguinarios, esconden los fetos abortados? Si realmente creyeran que un feto no es una persona, entonces los usarían para pagar los abortos. Los disecarían y los venderían como muñecos. Los triturarían para la alimentación de los cerdos o para la industria textil.

Si tú realmente creyeras que un feto es una cosa, entonces financiarías tu operación vendiendo fetos abortados a la multimillonaria industria del porno. Porno de fetos. ¿No es eso pornografía infantil? No de acuerdo con las personas muy inteligentes en posiciones de autoridad, quienes nos dijeron que un feto no es diferente a un consolador.

¿Qué es eso, Sanguinarios? ¿El porno es malo? ¿Así que saben que el porno es malo, pero creen que está bien asesinar a un bebé? ¿Esa es su idea del bien y el mal?

No usan fetos como pelotas de fútbol porque saben lo que son. Por eso se deshacen de sus cuerpos. Para que las personas no sepan que están matando niños.

Las personas malvadas se esconden en lugares secretos
para asesinar a los inocentes.   Salmo 10:8

¿Estás sorprendida y asqueada? Bien.

No me malinterpretes. El porno es malo. Trato de mostrar un punto. Los sanguinarios te dicen que el aborto es algo bueno, algo bendecido por Dios. Quiero que sepas lo malo que es, como lo es el porno infantil. Un feto no es una cosa. Es una persona.

Tienes que saber esto. Son personas pequeñas. Se está matando a personas reales de las formas más impactantes y crueles. El aborto es el asesinato de niños. Si vieras cómo se realiza un aborto te convertirías inmediatamente en un Speakfor.

Ustedes, los sanguinarios, pueden esconderse pero no engañan a Dios.

Cuando Caín asesinó a su hermano Abel, Dios le dijo esto a Caín –

¿Qué has hecho? Puedo oír la voz de la sangre de tu hermano clamando a mí desde la tierra.
Dios, Génesis 4:10

Viertes la sangre de los bebés abortados por el desagüe. Pero Dios oye su sangre clamando a Él desde la alcantarilla.

Abel era un buen hombre. Amaba a Dios.

Para Dios, la muerte de aquellos que lo aman es muy costosa.
Salmo 116:15

Y aquí están ustedes, Sanguinarios, encargándose de matar a las personas que aman a Dios. Dios los conoce y los ama. No tienen derecho a matarlos. ¿Cómo se sentirían ustedes si alguien asesinara a una persona que aman? Ahora imaginen cómo se siente Dios cuando abortan a los que Él ama. Está enojado. Dios venga sus muertes.

La venganza es Mía. Me vengaré, dice el Señor.
Romanos 12:19

Un día, en mi ministerio de la calle, dos mujeres jóvenes estaban leyendo mi panfleto sobre el aborto. Un hombre las vio leyéndolo. Les dijo que trabajaba en una clínica de abortos. Les aseguró que lo que se le quita a una mujer durante un aborto es sólo algo parecido a un período (menstrual) abundante. Le creyeron.

¿Quieres saber hasta qué punto es una mentira? ¿Quieres saber lo cruel que es el aborto? Hay algo que puedes hacer si tienes dudas. Podrías entrar en Internet. Hay sitios que te muestran fotos. Puedes ver el aspecto de un niño después de haber sido abortado. Puedes ver niños muertos. Pero no sólo muertos. Estos niños han sido claramente torturados hasta la muerte. Eso te atormentará.

Un método de aborto se llama Aborto por Succión. Se hace en los primeros meses de embarazo. Se aspira al bebé. Puedes ver los resultados. Brazos, piernas y manos, todo en una pila como en un mercado de carne.

Los Sanguinarios no quieren que la mujer piense que hay un niño en su vientre. Así que no usarán la palabra niño. Y no usarán la palabra embarazo. En su lugar, se refieren al tiempo de su embarazo como el tiempo transcurrido desde su último período menstrual. No muestran a la mujer el aspecto del niño en su vientre. Y no le enseñan fotos de cómo quedará el niño después del aborto.

No le dicen que van a utilizar un objeto afilado para arrancar al niño de su vientre, destruir el cuerpo del pequeño y matarlo. En cambio, le dicen a la mujer que van a usar una succión suave para vaciar su útero.

El Señor odia a las personas sanguinarias y embusteras.
Salmo 5:6

Cuando el niño ha estado en el útero por más de unos meses, ellos usan un método llamado Dilatación y Evacuación. Introducen herramientas afiladas en el útero para agarrar y retorcer las partes del cuerpo del bebé. El bebé es desgarrado miembro a miembro, y luego sacado del útero pieza a pieza. También puede ser necesario aplastar el cráneo del niño para extraerlo. Eso es un niño. Por favor, mira las fotos.

Otro horror es la llamada Amniocentesis Salina o aborto por inyección salina. Básicamente, matan al niño con sal.

El niño en el útero vive dentro de una bolsa de agua. Los Sanguinarios introducen una aguja en la bolsa para extraer parte del agua vital que rodea al niño. Luego la sustituyen por agua salada. El bebé se retuerce de dolor hasta que muere.

Hay fotos. Se ve un niño muerto. Ves cómo su pequeño cuerpo se quemó por la sal. Imagina que te hicieran eso a ti. Gritarías y te retorcerías hasta morir. No es diferente para el niño en el útero.

Hay otros métodos. Pero el más malvado podría ser el Aborto de Nacimiento Parcial. Esto ocurre en los últimos meses. Introducen unas pinzas en el útero y las utilizan para sacar al bebé. Pero dejan la cabeza del bebé dentro de la madre.

Hacen un agujero en la cabeza del bebé y le introducen un tubo. Succionan el cerebro del bebé. El cráneo del bebé se colapsa. Luego sacan la cabeza del bebé del útero. Lo llaman aborto legal porque dejan la cabeza del niño en el útero cuando lo matan.

Tú sabes de estas cosas. Y aun así tienes el descaro de decir que no puedes determinar cuándo comienza la vida.

¿Qué tan cruel es el aborto? ¿Y si tuvieras una perra golden retriever? La tienes desde que nació. Siempre la has tratado bien. Confía plenamente en ti, te adora, moriría por ti. Pero un día coges un cuchillo y la apuñalas en el ojo. Imagina cómo se sentiría ella. La confusión, el dolor. Oh, ella te perdonaría y culparía al cuchillo.

Si no le haríamos eso a los perros que consideramos miembros de la familia, ¿cómo podríamos hacérselo a un niño?

La antigua Roma mataba a las personas clavándolas en una cruz. Antes de que el condenado fuera crucificado se le daba una bebida con un narcótico. Esto adormecía el dolor.   Mateo 27:34

Los niños que son abortados están en una situación peor que los que fueron torturados hasta la muerte por la cruel Roma. No se deja entrar a ninguna persona compasiva en la fábrica de abortos para darles algo que alivie el dolor del aborto. Sus verdugos no les dan nada.

¿Has intentado alguna vez arrancarte un diente con un alicate? No puedes porque te duele demasiado. Así que dejas de hacerlo. Entonces vas a un dentista que te pone una inyección para que no sientas el dolor de la extracción. Tuviste la libertad, la elección de ir al dentista. El niño en el vientre materno es igual que nosotros. Siente el mismo dolor que nosotros. Pero no tiene elección. El dolor y la muerte del aborto se les impone.

Los niños que son abortados son tratados como ganado en un matadero. Son sometidos al dolor más extremo sin anestesia. Sus cerebros son destrozados. Sus latidos se detienen. Se desangran hasta morir. Tienen caritas, deditos de manos y pies que son destrozados. Imagina lo que siente el niño durante un aborto. Imagina el shock, el miedo. Están siendo asesinados en el lugar donde se sentían seguros y acobijados.

Sabemos que tienen sensaciones; responden a los estímulos, lo que significa que sienten dolor.

Oh, dices, es un hecho conocido que los niños en el útero no sienten dolor sino hasta después de dos o tres meses en vientre. Entonces, ¿estás en contra de abortar después de dos o tres meses? ¿Pero cómo podrías arriesgarte a herir a un niño? ¿Qué tan enfermo es pensar que está bien matar a un niño porque crees que no puede sentirlo?

¿Qué pasaría si alguien dijera que los perros no sienten dolor y le hicieran daño a tu perro? Querrías matarlos. Los niños que son abortados lo sienten igual que tú sentirías si te despellejaran vivo. ¿Crees que no pueden sentirlo? Entonces mira por favor, en internet, las ecografías de los niños en el útero. Luego dime que está bien matarlo.

Cuando una madre da a luz se le ofrece algo para el dolor. Pero no se tiene esa consideración con el niño cuando una madre decide abortar. Por supuesto que el bebé siente dolor. Tiene un cerebro, un corazón y sangre que fluye por su pequeño cuerpo.

Durante la Segunda Guerra Mundial se operó a personas sin anestesia ni analgésicos. Violaban y embarazaban a una mujer. Luego, cuando el bebé en su vientre estaba de varios meses, la ataban y la operaban sin analgésicos. Ella estaba completamente despierta durante la cirugía. Esto se hizo para la investigación.

Sí, era inimaginablemente cruel. Pero ocurrió. Y eso es lo que se hace a los niños durante un aborto. Un ser humano es torturado hasta la muerte de una manera inimaginablemente cruel. Si estás a favor del aborto, entonces no eres mejor que los que operaron a esas mujeres.

¿Cómo te sientes cuando escuchas que alguien fue decapitado en un accidente? Ahora piensa en los niños, miles cada semana, mutilados deliberadamente. ¿Crees que la ganadería industrial es cruel? Si vieras lo que ocurre en una fábrica de abortos querrías suicidarte.

Hay políticos que celebran el aborto. Luego dicen que cuidan al más pequeño, pero son los mayores matones del barrio. Los niños en el útero son los más pequeños, y están siendo acosados hasta la muerte.

Todo ser humano es 100% persona desde el momento de la concepción hasta el momento de su muerte, independientemente de su tamaño, su forma física, su coeficiente intelectual, sus habilidades o falta de ellas. Nadie tiene el derecho de oprimirlos, acosarlos o asesinarlos. El aborto no es una pelea justa. Te metes con alguien más pequeño que tú.

Dios no te hace pasar una prueba para ser una persona. Sigues siendo una persona, aunque no puedas batear una pelota de béisbol o resolver un problema de matemáticas. Y Dios ve a la persona en el vientre materno igual que nos ve a nosotros. Lo que quiero decir es que la gente tratará de crear su propia idea de cuándo nos convertimos en personas. Lo hacen porque quieren decir que sí, un feto está vivo, un feto es humano, pero no es una persona, por lo que está bien abortarlo.

Si ese fuera el caso, entonces podrían decir que está bien matar a las personas en coma, o a las personas mayores, o discapacitadas o moribundas.

Se supone que la justicia es ciega. Significa que la justicia mira el crimen, no a la persona. No se supone que la justicia deje que alguien se salga con la suya por ser rico o famoso. Y no se supone que se niegue justicia a alguien por su aspecto físico. Pero eso es lo que hace el aborto.

Todas las naciones, todas las personas, prohíben el asesinato y castigan a quienes lo cometen. ¿Por qué se permite el asesinato de niños en el vientre materno entonces? Es porque son demasiado pequeños, demasiado poco importantes. El aborto es tan malo como el odio racial. Los Sanguinarios ven a los niños en el vientre materno como algo diferente. Ellos se creen mejores que los niños en el vientre. Creen que por eso está bien matarlos. Los niños en el útero son la minoría más oprimida. Se los mata.

Los niños en el vientre son discriminados por el lugar donde viven. Si matas a un bebé después de que salga del vientre materno serás acusado de asesinato. Pero segundos antes era legal matar a ese mismo bebé. Su valor cambió en cuestión de segundos.

Así que tengo una pregunta. ¿Eres capaz de determinar si la vida ha comenzado en un bebé recién nacido? ¿Sí? Pero unos segundos antes, cuando ese mismo bebé estaba en el vientre materno, dijiste que no podías determinarlo. Esta es mi pregunta –¿quieres cambiar tu respuesta?

Cientos de millones de vidas han sido robadas por el aborto. ¿Cómo habrían sonado sus voces? ¿Cómo sería su sonrisa? Podrían haber hecho grandes descubrimientos, grandes contribuciones a la ciencia o al ejército. Podrían haber sido tu amigo o tu cónyuge.

Todos los récords deportivos deberían tener un asterisco. Este récord se consiguió gracias a una ventaja injusta –se asesinó a millones de potenciales competidores.* Esto es peor que los tiranos asesinos del siglo XX. Las guerras se libran por este tipo de cosas. Este es un asunto muy serio y urgente.

Qué tontos somos al ignorarlo. Qué egoístas somos. Cerramos los ojos. Los Sanguinarios son tan despiadados y vengativos. Han hecho que las personas tengan miedo de hablar.

Los psicólogos deben tener un nombre para esto. Cuando las personas se enteran de que alguien ha sido asesinado, pero tienen tanto miedo de involucrarse que ni siquiera llaman a la policía.

Debería haber una huelga. Los deportistas y los actores deberían negarse a jugar y a actuar. Los estadios y los teatros deberían cerrar. Las personas deberían abandonar sus trabajos y escuelas. Debería haber decenas de millones de personas marchando por las calles. Entonces las cosas cambiarían.

Enciende tu televisión en cualquier programa de noticias de la mañana. Escucharás a las personas enfrascadas en la más inútil de las charlas, ignorando a los niños que serán asesinados ese día a causa del aborto.

Imagina cómo se sentirían los niños en el vientre si supieran que sabemos que están siendo torturados hasta la muerte, pero los ignoramos. Cómo se sentirían si supieran que mientras son quemados y despedazados, nosotros estamos animando a un equipo deportivo o riéndonos con nuestra comedia televisiva favorita. Ahora imagina lo que siente Dios por <u>nosotros</u>.

¿Por qué continúa? Políticos corruptos. Predicadores falsos. Apatía. Miedo a la persecución. Está fuera de la vista y de la mente. La gente tiene el cerebro lavado por los argumentos mentirosos. Esta es una de las peores cosas que han sucedido. Los niños necesitan que alguien los salve. Lo que se necesita es luto y arrepentimiento.

Los medios de comunicación son cómplices del asesinato de niños. Lo mantienen oculto guardando silencio al respecto. ¿Qué pasaría si todas las noches en las noticias mostraran películas de niños en el vientre materno y luego mostraran fotos de niños después de ser abortados?

> Interrumpimos este programa para traerles un boletín. Acabamos de recibir la noticia de que cientos de niños fueron brutalmente asesinados hoy.

¿Qué pasaría si informaran de cuántos niños fueron asesinados cada día y describieran gráficamente cómo fueron asesinados esos niños? Si los medios de comunicación dijeran las cosas como son, las personas saldrían a la calle a protestar, tantas como cuando un equipo deportivo gana un campeonato.

A los medios de comunicación les encanta hablarnos de un perro maltratado. Las personas se vuelven locas: lloran y se lamentan. Se llenan de ira y quieren un castigo severo y rápido. Les encanta terminar las noticias con una historia conmovedora, como cuando el perro nadaba hacia el mar y fue rescatado. Sin embargo, a los niños que son torturados hasta la muerte se los ignora por completo.

Los medios de comunicación son malos samaritanos. Miran para otro lado.

Ha habido mujeres que estaban embarazadas y planeaban abortar, pero por una u otra razón no lo hicieron. Esos niños que no fueron abortados han crecido hasta ser adultos y viven entre nosotros. ¿Qué habría pasado si las mujeres que sí abortaron tampoco lo hubieran hecho por una u otra razón? Entonces esos niños también habrían crecido hasta ser adultos y vivir entre nosotros.

¿Cómo puedes decir que el aborto está bien porque no puedes determinar cuándo empieza la vida? Incluso si crees que un feto no es una persona, sabes que se convertirá en una. ¿Cómo puedes matar algo que sabes que se convertirá en una persona? No. No importa si no puedes determinar cuándo comienza la vida. Estás matando algo que sabes que se convertirá en una persona. Por lo tanto, estás matando voluntariamente a una persona.

Sabes que las personas están siendo asesinadas, pero alegas ignorancia.

El aborto no se hace en el calor de la pasión. El abortista está al acecho para matar al niño, utilizando armas mortales. El aborto lo hace gente que se dice cuerda. No hay defensa por demencia temporal. El aborto es un asesinato planificado y premeditado de un ser humano. Yo lo llamaría asesinato en primer grado.

¿Y si un niño sobrevive al aborto? Uno pensaría que el gobernador le concedería el indulto a ese niño. Uno pensaría que habría una celebración en la fábrica de abortos.

Pensarías que envolverían inmediatamente al niño en una manta y lo cuidarían. No, nada de eso ocurre. El niño se deja morir solo en una fría mesa de metal. Nadie puede tocarlo. Los Sanguinarios ejecutan la sentencia de muerte de una forma u otra.

Las personas que son abortadas no han cometido un delito de pena de muerte. Dios dijo que el gobierno no puede ejecutar a alguien sin un juicio. Antes de que el Estado pueda ejecutar a una persona, debe demostrar su culpabilidad más allá de toda duda razonable. A los niños abortados se les niega el debido proceso.

Por el testimonio de dos testigos.
Deuteronomio 17:6

Al niño no se le da su día en la corte, no se le leen sus derechos, no se le da una llamada telefónica, no se le informa del crimen que ha cometido. No hay juicio, no hay testigos, no hay jurado de sus pares, no hay apelación, no hay misericordia. El niño no puede solicitar un abogado, no puede clamar por justicia. El aborto es un castigo cruel e inusual.

No pueden esperar a derramar sangre inocente.
Isaías 59:7

Un niño en el vientre materno no tiene elección, ni voto, ni derechos, ni defensores armados que irrumpan para rescatarlos. Se les niega su derecho a la libertad de expresión y de culto. Se les niega su derecho a la vida, dado por Dios, su derecho a la autodefensa, su derecho a portar armas

Al niño abortado no se le da nada antes de ser ejecutado: ni última comida, ni cigarrillo, ni venda. Dios odia la injusticia. Él vengará la ejecución ilegal de ese niño.

Los obreros del mal condenan a muerte a los inocentes.
Salmo 94:21

Nehemías 9:19 nos habla de la gran compasión que Dios siente por los que ama. En la versión del Rey Jacobo la palabra para la compasión de Dios es –misericordia. Es la número 7356 en la Concordancia de Strong. La palabra para la compasión de Dios también significa vientre. Dios quiso que el vientre fuera el lugar donde se le muestra amor tierno a un niño.

El aborto es cuando una madre mata a su propio hijo.

Una mujer que conozco me dijo que hace años pensó que iba a morir cuando estaba dando a luz a su hijo. Pero su único pensamiento era que su hijo naciera sano y salvo.

A menos que te hayan violado, elegiste hacer algo que dio lugar a que ese niño estuviera en tu vientre. Ahora tienes la obligación moral de protegerlo y dejarlo nacer. Eso es lo que Jesús dijo que debes hacer. Incluso si te quedaste embarazada por una violación, Jesús ama a ese niño.

Los derechos de los niños son lo primero. Así es como funciona. Los fuertes protegen a los débiles. Los padres protegen a los niños. Si los padres oyen disparos, no usan a su hijo como escudo para protegerse. Al contrario, se lanzan sobre el cuerpo del niño. No se lo piensan dos veces. Están dispuestos a morir para que su hijo viva.

Los hombres y mujeres del ejército se sacrifican en la guerra por Dios, por sus seres queridos, por su familia y por su país, para que las personas puedan vivir en libertad. La policía, los bomberos y otros socorristas se sacrifican para protegernos a todos, incluso a las personas que ni siquiera conocen, a personas que no les importan, incluso a personas que los odian. Jesús sacrificó su vida por todos nosotros.

En Juan 15:13 Jesús dijo que el mayor amor es cuando alguien sacrifica su vida para que los que ama puedan vivir.

El bebé en tu vientre no te está pidiendo que mueras por él. Sólo te pide que no lo mates.

El niño en tu vientre necesita que lo ames.

El aborto no es forma de tratar a una persona.

Capítulo Tres

Sus argumentos mentirosos

¿Cómo te mienten?

Los Sanguinarios te engañan cambiando el significado de las palabras. No pueden decir que están a favor de torturar a un niño hasta la muerte, así que lo llaman cuidado de salud de la mujer. Es lo que hacen los magos. Mira aquí para que no veas al niño muerto.

El mayor truco de magia del diablo es hacer que la gente acepte algo malo, haciéndole creer que es algo bueno.

Génesis 3:1-13; Isaías 5:20; 2 Corintios 11:13-15

Los engañadores no dicen mentiras obvias. Ellos mezclan las mentiras con la verdad para crear mentiras que suenen bien.

Un político te dice que la ley debe permitir que una mujer aborte a su bebé hasta el día del parto. ¿Por qué? Porque hay países donde se obliga a las mujeres a no dar a luz y países donde se obliga a las mujeres a dar a luz. Te han dicho una verdad. Hay lugares en el mundo donde las mujeres son tratadas así. ¿Dónde está la mentira? El ojo no entrenado no lo verá.

En mi libro, Los Testigos de Jehová odian a Jehová, te presenté a nuestra Guía – la verdad encontrada en la Biblia de que Jesús es Dios. Esta vez nuestra Guía será la verdad encontrada en la Biblia de que un feto es una persona.

Nuestra Guía revela la mentira oculta que se deslizó con la verdad. La mentira está en lo que el político no dijo —el aborto mata a una persona.

Nuestra Guía expondrá los argumentos de los Sanguinarios por lo que son. Argumentos mentirosos, cada uno de ellos.

Elección

La expresión proelección es un lobo con piel de oveja. Matar a un bebé suena muy mal.

Lo que las personas proelección no te dicen es que sólo una parte puede elegir. No es una elección cuando una persona tiene todo el poder y la otra no tiene ninguno. A la madre se le da la opción de matar al niño. Pero al niño no se le da la opción de matar a la madre. Eso no es elección. Eso es sólo un asesinato.

¿Quieres elegir? Entonces sé justa. Deja que el niño nazca y dale el derecho de elegir matarte. Cuando cumpla los dieciocho años puedes retarlo a un duelo. Pero primero hazte atar las manos a la espalda para saber cómo se siente un niño en el vientre materno.

La elección no cambia la ley. La Biblia dice que la elección no hace que la violación esté bien. El trabajo del gobierno es proteger la elección de una mujer de no ser violada. La Biblia dice que la elección no hace que el asesinato esté bien. El trabajo del gobierno es proteger la elección de un niño de no ser abortado.

Génesis 9:6; Éxodo 20:13; Deuteronomio 22:25-26

La frase de cajón –el derecho de la mujer a elegir– es deshonesta. No quieren que las pequeñas mujeres en el vientre materno tengan su derecho a elegir la vida. Las pequeñas mujeres en el vientre materno no fueron consultadas antes de ser asesinadas. Nadie les preguntó si elegían renunciar a su vida. No tuvieron ni voz ni voto. ¿Qué pasa con el derecho a elegir de esa mujer?

La elección no es si quieres tener salsa de chocolate en tu helado. El aborto es grave porque provoca una muerte –la muerte de un niño. Nadie está proelección. Proelección significa que no hay bien ni mal. Significa que matar a un niño es tan bueno como no matarlo. La proelección es una mentira destinada a engañar a los ignorantes.

La proelección es una trampa. Implica que ellos son los iluminados que simplemente quieren que las mujeres tomen decisiones por sí mismas. No. O estás a favor de matar a un bebé o no lo estás.

Personalmente opuesto

Esto es para ustedes, políticos y predicadores, que dicen que se oponen personalmente al aborto, pero apoyan el derecho de la mujer a elegir.

Ustedes se oponen personalmente al aborto porque saben que el aborto es el asesinato de un niño. Te opones al asesinato de un niño, pero estás a favor del asesinato de un niño.

El niño en el vientre materno no puede hacerte daño. Así que apoyas su asesinato. Así no ofendes a las mujeres que sí pueden hacerte daño si apoyas el derecho del niño a vivir.

Violación

Si estás embarazada producto de una violación y quieres saber qué señala la Biblia que debes hacer, entonces puedo decírtelo. Dios quiere que te quedes con el bebé, que lo dejes nacer. No puede venir nada bueno de abortar al bebé. Sólo el mal puede venir de ello.

El aborto no cura. Es mortalmente serio. No es algo con lo que quieras jugar. Es demasiado pesado. Es tan horrible. Un pequeño e indefenso bebé es destrozado miembro a miembro. Hacer eso no te va a ayudar. Hay una manera mejor. Recurre a Jesús.   Mateo 11:28-30

Y sufrirás reacciones físicas y emocionales negativas por el aborto. Dios dijo que hay consecuencias para nuestras acciones. A partir de la página 111 mostraré cuáles son algunas de esas consecuencias y te diré algunas de las razones por las que Dios castiga a las personas.

No mates al niño en tu vientre porque su padre te violó.

> No ejecutes a un niño por un crimen cometido por su padre.
> Dios, Deuteronomio 24:16

Aunque hayas pasado por el horror y la indignidad de ser violada, no tienes licencia para matar. Si ese fuera el caso, se te permitiría tomar tu arma y cazar al violador.

¿Qué pasa si no abortas, pero dos años después decides que no quieres un hijo concebido por una violación? ¿Harías que mataran al niño? No. Pero nuestro Guía nos dijo que un feto es tan persona como un niño de dos años.

El niño en tu vientre es un individuo único. No eres dueña de ese niño por estar en tu vientre. El niño pertenece a Dios. Ese niño viene a través de ti, no de ti. Viene de Dios, pasa por ti, vive su vida, y luego vuelve a Dios.   Eclesiastés 12:7

¿Qué es lo que dices? ¿El gobierno legalizó el aborto?

Sí, lo hicieron – pero Dios no lo hizo. Si abortaste al bebé que fue concebido por violación, entonces cometiste un crimen tan grave como la misma violación. Has asesinado al hijo de Dios. No eres mejor que el hombre que te violó.

Si un hombre viola a una mujer
entonces ese hombre debe recibir la pena de muerte,
porque la violación es tan mala como el asesinato.
Dios, Deuteronomio 22:25-26

Algunos acusan a Dios. Dicen que como Dios permitió que una mujer quedara embarazada por una violación, entonces Dios está a favor de la violación. No, Dios no está a favor de la violación. Dios le dijo a la nación de Israel que ejecutara a los violadores. Dios dijo que la violación era un crimen tan grave como el asesinato. Algunos podrían preguntar, ¿por qué Dios permitió que un niño fuera concebido en el vientre de una mujer que fue violada? Entonces podrían preguntar también por qué Dios permite que se produzcan violaciones y asesinatos y todas las demás cosas malas.

El libro de Job tiene la respuesta. Job era un hombre bueno que sufrió las peores cosas que le pueden pasar a una persona. Job culpó a Dios. Pero entonces Dios cuestionó a Job. Dios le pidió a Job que le dijera cómo Él creó el universo y cómo lo mantiene. Job no pudo responder.

Cuando preguntas por qué Dios permite el mal, entonces estás acusando a Dios, estás llamando a Dios malo. No estamos en posición de hacer eso. Lo que tenemos que hacer es humillarnos ante Dios, obedecerle y confiar en Él. Ver Job 42:1-6 y Deuteronomio 32:4; Isaías 10:33; 57:15; Miqueas 6:8; Lucas 14:11

¿Has sido violada? ¿Puedo darte un consejo? No añadas las palabras Víctima de Violación después de tu nombre. A muchas personas les ha pasado algo en su vida, y dejan que eso tome el control del resto de su vida.

Quizá cuando eras niña tus padres se divorciaron o uno de ellos murió. Tal vez fue una violación u otro crimen violento. Quizá un accidente o una discapacidad física o intelectual. Eso no tiene por qué ser lo que eres.

Y tienes que rezar por el hombre que te violó.

Sí, así es. Perdona al hombre que te violó y reza por su salvación. No estoy diciendo que no vayas a la policía. Eso depende de ti. Pero, de cualquier manera, Dios quiere que lo perdones y reces para que esté en el cielo.

¿No puedes perdonar?

Entonces, ¿cómo puedes esperar que Dios te perdone por tus pecados? Aunque nunca hayamos violado o asesinado a alguien, todos somos culpables ante Dios. Todos cometemos crímenes que merecen la muerte porque rompemos las leyes de Dios. Todos merecemos la pena de muerte.
Romanos 3:23; 6:23

Arrepiéntete o perece.
Jesús, Lucas 13:3

No, no estoy diciendo que ser violado sea un pecado. No estoy diciendo que te violaron porque pecaste. Estoy diciendo que todos necesitan a Jesús. El violador necesita a Jesús y la víctima de la violación necesita a Jesús.

Tenemos que entender lo santo que es Dios. Y lo malo que es el pecado. Y tenemos que entender que la muerte de Jesús en la cruz puede pagar por cualquier pecado. Incluso la violación y el asesinato y cualquier otro crimen que se te ocurra.

Dios está dispuesto a perdonar tus pecados. Entonces, ¿cómo no puedes estar dispuesta a perdonar al hombre que te violó? No puedes pedirle a Dios que te perdone por tus pecados y luego pedirle que no perdone al hombre que te violó. Dios está dispuesto a perdonar al hombre que te violó. Si no lo perdonas, entonces Jesús no perdonará tus pecados.
Mateo 6:14-15

Si el hombre que te violó se arrepiente y recibe a Jesús, entonces Dios lo perdonará por haberte violado. Si tú no te arrepientes y no recibes a Jesús, entonces el hombre que te violó estará en el cielo y tú no.

El perdón de Dios es algo poderoso. Dios perdonó al rey David por seducir a la esposa de un hombre llamado Urías. David la dejó embarazada y luego hizo matar a Urías.

Cuando David se arrepintió, Dios lo perdonó por hacer esas cosas. Y Dios quiere que Urías perdone a David. 2 Samuel 11:1-12:13

En el capítulo cuatro te mostraré lo que significa arrepentirse y ser salvado.

Dios puede perdonar al hombre que te violó. Dios puede perdonarte por tus pecados. Y tú puedes perdonar al hombre que te violó. Si se arrepienten y reciben a Jesús, entonces Dios perdonará a los hombres que embarazaron a las mujeres por violación y luego las operaron sin anestesia en la Segunda Guerra Mundial. Te digo esto para que conozcas el poder que hay en la muerte de Jesús. Puede perdonar y limpiar cualquier pecado.

Si tu abortaste a tu bebé entonces quieres que ese bebé te perdone por haberlo abortado, ¿cierto? Bien, entonces tienes que perdonar al hombre u hombres que te violaron.

¿Por qué sacar este tema ahora?
Podrías decir –¿no sabes que soy una víctima? ¿Dónde está tu compasión? ¿Por qué dices que tengo que perdonar al hombre que me violó?

Sé que eres una víctima. Pero quiero que dejes que Jesús te lleve de víctima a victoriosa. Del victimismo a la victoria. No hay otro remedio. No hay otra salida.

Quiero que te vuelvas a Jesús. Cuando tengas a Jesús entonces tendrás el deseo y la capacidad de resistir el aborto y dejar que el bebé viva. Amarás a ese bebé. Y tanto si te has quedado embarazada como si no, serás capaz de perdonar y rezar por el hombre o los hombres que te violaron. Jesús te dará la verdad, la salvación y la tranquilidad.

Podrás encontrar tu identidad en Jesucristo. Serás una sierva de Jesús. No estarás oprimida por algo que te sucedió. Tendrás paz y alegría en tu relación con Jesucristo. Podrás seguir adelante y disfrutar de tu vida.

Juan 14:6

Eres un hombre

Quizá pienses: ¿quién eres tú para decir lo que debe hacer una mujer, Bruce? Eres un hombre, no puedes quedarte embarazada. Deberías callarte.

¿De verdad? ¿Un hombre no puede decirle a una mujer que deje vivir a su bebé, pero una mujer puede decirle al hombre que lleva en su vientre que muera?

¿Qué pasa con los millones de hombres que están <u>a favor</u> del aborto? ¿Quieres que se <u>callen</u> porque no pueden quedarse embarazados? ¿Y qué pasa con los millones de mujeres que se oponen al aborto? ¿Aceptarás lo que dicen porque sí <u>pueden</u> quedarse embarazadas?

Un día estaba sosteniendo mi cartel de Cuestionario Bíblico gratuito en la Plaza de Harvard y una mujer se acercó y me dijo: "¿Quién eres tú para hacer un Cuestionario Bíblico?" Me miró y decidió que no era yo quien debía hacer un Cuestionario Bíblico.

Dios me dio la capacidad y el derecho de hacer un Cuestionario Bíblico en Harvard Square. Dios da entendimiento a aquellos que lo merecen. Y sólo aquellos a los que Dios les da entendimiento pueden decir si otra persona tiene ese mismo entendimiento. Los no iniciados no pueden.

Dios no le da a alguien entendimiento porque es un hombre o una mujer o porque fue a una escuela bíblica o porque se parece a un modelo. Dios mira el corazón. Que yo sea hombre no tiene nada que ver con mi capacidad o mi derecho a enseñar lo que la Biblia dice sobre el aborto.

La verdad es la verdad, ya sea que la diga un hombre o una mujer.

No hay que guiarse por la persona. Te guías por lo que Dios dijo en la Biblia. El valor de la persona es su capacidad de manejar la Biblia correctamente. Su valor es su habilidad dada por Dios para enseñar la verdad de la Biblia. Es Dios quien te está hablando entonces, no la persona. Júzgame por si manejo fielmente las enseñanzas de la Biblia, no porque soy un hombre.

Dios da entendimiento tanto a los hombres como a las mujeres.

Dios dijo que los hombres pecan si se callan.

Esto es lo que Dios le dijo a Ezequiel. Y se aplica a todos los que tienen la Palabra de Dios, el Espíritu Santo de Dios y sus bendiciones, sean hombres o mujeres.

> Cuando yo, el Señor, diga a los impíos que morirán,
> y tú <u>no</u> tratas de salvar sus vidas enseñándoles
> o hablando para advertirles, para tratar de convertirlos
> de su mal camino,
> - y el impío muere en sus pecados,
> - entonces te consideraré culpable de su muerte.
>
> Pero si <u>adviertes</u> a los impíos, y no se convierten
> de su maldad o de sus malos caminos,
> - entonces los impíos morirán en sus pecados.
> - Pero tú habrás salvado tu vida.
>
> Ezequiel 3:18-19

La vida de la madre

Si alguna vez has hecho crucigramas sabes que primero haces todas las respuestas fáciles y luego trabajas con las difíciles hasta llegar a las más difíciles. Hemos llegado a la más difícil.

A algunos de ustedes no les va a gustar mi respuesta. Si han estado buscando una excusa para lanzar este libro por la habitación, aquí la tienen. ¿Debería haber evitado esta pregunta? No. No era necesario porque la respuesta a esta pregunta no contradice ni cambia la verdad de nada de lo que he dicho en este libro. Puedes gritar "te pillé" y llamarme "fraude". Eso depende de ti. O puedes escucharme. Esta es la pregunta -

La bolsa de agua que rodea al niño en el útero tiene un agujero. El líquido se ha vaciado. El bebé no tiene ninguna posibilidad de sobrevivir. El bebé morirá. La madre, en cambio, está sana. Pero ella también morirá si no se saca al bebé de su vientre. Si dejas que el bebé muera en su vientre, condenas a la madre a la muerte. Si se extrae el bebé, la madre vive. ¿Qué haces?

Responderé a esa pregunta con una palabra –intención.

La ley tiene en cuenta la intención a la hora de determinar la naturaleza de un delito y la severidad del castigo.

El aborto tiene una intención –matar al niño. No se hace ningún esfuerzo por preservar la vida del niño. Un aborto no tiene una buena intención para el niño que se aborta. El bebé no tiene ninguna oportunidad. Su vida no tiene ningún valor.

En un caso como el que estamos viendo ahora, en el que la bolsa se ha perforado y drenado, los médicos tienen que realizar un procedimiento médico. El aborto no es un procedimiento médico. ¿Estoy haciendo un juego de palabras? No. La intención de un procedimiento médico es salvar una vida, no quitarla.

La intención del aborto es matar a un bebé sano. Cuando un bebé tiene cero posibilidades de vivir y su presencia matará también a la madre, la intención es diferente. No es la intención de matar a nadie. Es una misión de rescate.

¿Qué hace que este caso sea diferente a otros?

- El bebé morirá si los médicos no hacen nada.

- La madre morirá si los médicos no hacen nada.

- Cuando un bebé no es deseado, no se está muriendo, el bebé está sano.

- Cuando un bebé no es deseado, no va a matar a su madre.

Este caso es diferente porque el bebé se está muriendo. En todos los demás casos ni el bebé ni la madre están muriendo. La mayoría de los abortos se hacen por una razón –deshacerse de un bebé no deseado.

Si el procedimiento médico no tiene éxito y el bebé muere, al menos han intentado salvar a un bebé que habría muerto si no hubieran hecho nada. Un procedimiento médico puede provocar una muerte, pero no es un asesinato debido a la intención. Sólo hay una intención en un aborto – acabar con la vida de una persona sin una razón legalmente justificable.

Los médicos y las familias tienen que tomar decisiones difíciles. ¿Qué pasa si alguien tiene muerte cerebral y la única razón por la que está vivo es por las máquinas a las que está conectado? Se toma la decisión de desconectar. La persona no seguiría viviendo si no estuviera conectada a las máquinas. Su cerebro está muerto. Los médicos tienen que tomar decisiones en una situación de triage para determinar cuáles tienen más probabilidades de vivir, sabiendo que otros morirán.

¿Por qué estamos en este lío? ¿Por qué tenemos este caso en el que un bebé y su madre morirán porque la bolsa se rompió? No hay que culpar a Dios. No era así en el Jardín del Edén, el lugar perfecto que Dios creó. ¿A quién culpamos? La culpa recae en todos nosotros.

Todo esto comenzó cuando Adán y Eva dejaron que el diablo los convenciera de traer el pecado y la muerte al mundo. El diablo, Adán y Eva dejaron que todas estas cosas entraran en el mundo. Por eso, es por nuestra culpa que este mundo está lleno de sufrimiento, tristeza y tragedia.

Dios dijo que todos somos culpables por lo que hizo Adán. ¿Injusto? No. Y no es una excusa para que pequemos. Dios nos hace responsables de nuestros pecados.

Romanos 5:12; 6:23

Todo lo que Dios hace es justo y correcto. Hay que mirar la otra cara de la moneda. Dios mismo vino a la tierra y se dejó crucificar. ¿Es eso justo? Dios hizo eso para limpiar de culpa a cualquiera que entregue su vida al Salvador Jesucristo.

Romanos 5:15-21

Yo llamo el argumento de la "vida de la madre" un argumento mentiroso, porque es usado para engañar a las personas. Utilizan este raro caso para argumentar a favor del aborto a demanda por cualquier razón, sin disculparse. Es un tipo de razonamiento falso utilizar la excepción para argumentar la regla.

Sería como decir que porque desconectan a una persona con muerte cerebral de la máquina que la mantiene con vida, entonces está bien matar a las personas que no tienen muerte cerebral pero que no son deseadas.

La dificultad del caso en cuestión no hace que el aborto sea correcto o lícito. No cambia el hecho de que un feto es una persona y que el aborto es el asesinato de una persona.

Capítulo Cuatro

Te has hecho abortos

¿Puede perdonarte Dios por tus abortos?

Hay un problema –
Rompemos las leyes de Dios. Eso se llama pecar. Dios dijo que
debemos morir por nuestros pecados. El aborto es pecado porque la ley
de Dios dice que no se debe asesinar a una persona. Todos morimos
porque todos cometemos pecados como el aborto. Y no sólo nuestro
cuerpo. Nuestra alma también debe morir. Jesús dijo que Dios mata
tanto el cuerpo como el alma en el infierno.   Éxodo 20:13; Mateo 10:28;
Romanos 6:23; 1 Juan 3:4; Apocalipsis 21:8

Pero Dios creó una forma de arreglar el problema.

Un ángel trajo un mensaje del Cielo –

> Traigo buenas noticias
> para alegrar tu corazón.
> Hoy en Belén
> ha nacido tu Salvador.
> Él es el Señor, Jesucristo.
> Lucas 2:10-11

Esa buena noticia es el Evangelio de Jesucristo. La palabra Evangelio
significa buenas noticias. Significa que tú no tienes que ir al infierno
por haber abortado y yo no tengo que ir al infierno por mis pecados –si
creemos en Jesucristo como nuestro Señor y Salvador. Así que, sí, Dios
te perdonará –si le das tu vida a Jesús.

El apóstol Pablo explica–

> Ya les he enseñado el Evangelio,
> mis hermanos y hermanas.
> Pero creo que es necesario repasarlo de nuevo.
> Les daré una definición sencilla
> para que les resulte fácil de entender.
> Cuando les hablé por primera vez del Evangelio
> les enseñé las cosas más importantes,
> exactamente como Jesús me las enseñó a mí.
> Les dije que Jesucristo murió por nuestros pecados,

tal como el Antiguo Testamento dijo que lo haría.
Les dije que Jesús fue enterrado,
y que resucitó de entre los muertos después de tres días,
tal como el Antiguo Testamento dijo que lo haría.

Y les dije que ustedes son salvos y que nunca caerán
– si han recibido y aceptado el Evangelio que les he
enseñado.

Pero también saben que <u>no</u> son salvos y que <u>caerán</u>
– si nunca han creído VERDADERAMENTE en el
Evangelio.   1 Corintios 15:1-4

Ver Isaías 53:9-12;
Compara el Salmo 16:10 con Hechos 2:25-28

Comencé este capítulo diciéndote que todos tenemos que morir <u>por
nuestros pecados</u>. Pero Pablo acaba de decir que Jesús murió por nuestros
pecados. Puedes morir por tus pecados. O puedes dejar que Jesús muera
por tus pecados. Jesús tomó el castigo que tú mereces. Él murió por tus
abortos para que tú no tengas que hacerlo.

Los que sean declarados culpables recibirán su castigo
sin oportunidad de apelación.
Pero aquellos que han sido declarados inocentes
irán a la vida eterna.
Jesús, Mateo 25:46

Los declarados culpables son los que rechazaron el Evangelio de Jesucristo.
Los declarados inocentes recibieron el Evangelio. Jesús hace toda la
diferencia. Pablo usó la palabra <u>salvado</u>. ¿Alguna vez te han preguntado si
eres salvo? Significa que estás salvado del castigo y la ira de Dios y que
Dios te dará la bienvenida al Cielo.

Llegará un día en que será demasiado tarde. ¿Cómo se sentirán las
personas que rechazan el Evangelio?

Dirán a las montañas y a las rocas –caigan sobre nosotros
y escóndannos del rostro del que está sentado en el trono,
y de la ira del Cordero
porque el gran día de Su ira ha llegado.
Apocalipsis 6:16-176:16-17

El Cordero es Jesús. ¿Te sorprende escuchar que Jesús siente ira?
¿No sientes ira por las cosas malas? Jesús también la siente. Así es
como Jesús tratará con las personas malvadas que se niegan a cambiar.
¿Tu casa tiene puertas? Por supuesto que sí. La casa de Dios también
las tiene. Hay algunas personas a las que Él no puede dejar entrar. ¿Por
qué no? Porque Él ama a las personas en su casa, y no quiere que las
personas malas entren y les hagan daño.

Ver Marcos 3:5; Juan 2:13-17

Pero si no quieres ser malvado y tienes el deseo de humillarte ante Dios
y recibir con gusto el Evangelio de Jesucristo, entonces verás un lado
diferente de Jesús.

Vengan a Mí todos los que están cansados de su propio
esfuerzo, todos los que tratan de cargar demasiado,
y Yo les daré descanso.

Únanse a Mí
y nos uniremos para convertirnos en un equipo inquebrantable.
Dejen que Yo les enseñe.
Soy paciente y Mi corazón es humilde.

Entonces vuestra alma encontrará el descanso que buscaba.
Mi amistad es siempre buena
y lo que les pido que lleven será fácil para ustedes.

Jesús, Mateo 11:28-30

¿Cuál es el propósito de nuestras vidas? ¿Por qué estamos aquí? ¿Por
qué Dios nos hizo pasar por esto? Lo hizo para saber quién lo ama. Si
amas a Dios, entonces demuestras tu amor a Dios obedeciéndolo. Y
nuestro primer acto de obediencia es cuando obedecemos el Evangelio
de Jesucristo.

Juan 14:23-24; Hechos 5:32; Romanos 16:25-26

El Señor Jesús llegará desde el cielo en un fuego abrasador.
Sus poderosos ángeles estarán con Él.
Él repartirá el castigo de
muerte irreversible a los que eligieron no conocer a Dios
y que no obedecieron el Evangelio de nuestro Señor Jesucristo.

2 Tesalonicenses 1:8-9

Pero eso no es para ti si le das tu vida a Jesús –

> No es el deseo de Dios que nadie se enfrente a su ira.
> Su deseo es que obtengas la salvación
> por medio de nuestro Señor Jesucristo, quien murió por
> nosotros.   1 Tesalonicenses 5:9-10

Pablo dijo que sólo eres salvo si crees en el Evangelio que él enseñó. No hay otro evangelio. Sólo hay un Evangelio.   Ver Gálatas 1:6-9

Y Pablo dijo que solo eres salvo si realmente crees en Jesús. Tiene que ser una fe verdadera. Tienes una fe verdadera cuando te arrepientes. El arrepentimiento es la condición sine qua non de la fe genuina. Significa que el arrepentimiento es la condición sin la cual no se tiene. No tienes fe genuina si no te arrepientes. Puedes leer la oración del rey David en el Salmo 51 para ver un ejemplo de arrepentimiento genuino en el Antiguo Testamento.

Tito 2:14 dice que Jesús se entregó, murió en una cruz, en nuestro lugar, para tomar el castigo por TODOS nuestros pecados –cada uno de ellos. Debido a la muerte de Jesús en la cruz no hay un solo pecado que Dios no pueda perdonar. La muerte de Jesús es lo suficientemente poderosa para perdonar cualquier pecado. Tal vez te estés preguntando sobre el "pecado imperdonable". Cuando Jesús habló sobre el pecado imperdonable, dijo–

> Cualquiera puede tener TODOS sus pecados perdonados.
> Eso es cierto para todos –excepto para aquellos que
> se alejan de la influencia del Espíritu Santo.
> Ellos nunca pueden tener el perdón.
> Ellos llevarán la culpa de su pecado hasta el final.
>   Jesús, Marcos 3:28-29

¿Leíste lo que Jesús dijo allí? Dijo que cualquiera puede tener todos sus pecados perdonados. ¿Cómo? Acudiendo a Jesús. ¿Y POR QUÉ vamos a Jesús? Porque respondemos favorablemente al Espíritu Santo. Jesús dijo...

> Nadie puede venir a Mí si no lo trae el Padre que me envió.
>   Jesús, Juan 6:44
>   Cantar de los Cantares 1:4; Oseas 11:2-4

Cuando sea levantado de la tierra
atraeré a todos hacia mí.
Jesús, Juan 12:32

Levantado de la tierra significa cuando Jesús fue crucificado. Atraer a
todos a Él significa cada uno de los que entregan su vida a Él.
Ver Números 21:8-9; Juan 3:14

El pecado imperdonable es rechazar el poder del Espíritu Santo para
atraerte a Jesús, el Salvador. Rechazar a Jesús es el pecado imperdonable
porque si no tienes a Jesús entonces todo pecado es imperdonable. El
aborto no es el pecado imperdonable. Tu pecaste. No te mates por ello.

No eres diferente a los demás. No eres especial. Lo asombroso no es que
pequemos –eso es un hecho. Lo sorprendente es lo que Dios hizo para
salvarnos de nuestros pecados.

Cada uno de nosotros es una oveja que se ha extraviado
porque nos hemos desviado y hemos seguido nuestro propio
camino.   Isaías 53:6, y citado en 1 Pedro 2:25

¿Por qué la muerte de Jesús nos salva?

Jesús es la propiciación por nuestros pecados.
1 Juan 2:2

Perdón por la palabra tan grande. Quería que vieras cómo la llama la
versión del Rey Jacobo para que puedas hacer tu propio estudio de la
palabra. Es la N° 2434 en la Concordancia de Strong. En el capítulo sietete
mostraré cómo hacer un estudio de la palabra. Propiciación tiene que ver
con la expiación, el apaciguamiento y la conciliación. Más palabras
grandes.

Es como si hicieras algo que ofendiera a alguien y se enfadara contigo.
Pero entonces encuentras una manera de arreglarlo. Haces algo que
provoca que esa persona ya no esté enfadada contigo. Y en su lugar, ahora
es amable, gentil y misericordiosa. Ahora te perdona y te bendice.

La Biblia utiliza otra palabra –reconciliación.

Dios nos reconcilió con Él gracias a Jesucristo.
2 Corintios 5:18-19

Todos hemos ofendido a Dios con nuestro mal comportamiento. Dios está enojado con nosotros. Entonces se hizo algo para arreglarlo. Pero nosotros no lo hicimos. Jesús lo hizo. Jesús es Dios nuestro Salvador. Él se ganó nuestra salvación. Sí, Dios mismo se hizo un ser humano para poder dar su vida por nosotros. Jesús tomó la muerte que tú mereces por tus abortos. Se llama sustitución.

Dios nos reconcilia con Él mediante la muerte de Jesús. Nuestro trabajo es estar dispuestos a recibir esa <u>reconciliación</u>. Entonces Dios ya no está enojado contigo. La justicia de Dios está satisfecha. Tus pecados son eliminados. Jesús pagó por ellos con su sangre. Debido a la muerte de Jesús nuestra relación con Dios puede ser <u>restaurada</u>.

¿Todo esto te parece extraño y aterrador? También es maravilloso. El Antiguo Testamento nos dice cómo se siente Dios con los que reciben la Buena Nueva de Jesucristo.

> Ninguno de los falsos dioses es como Tú, oh Dios.
> Tú cancelas nuestra deuda de pecado y la quitas de nuestra cuenta. No te enfadas para siempre porque te deleitas en la misericordia. Te vuelves hacia nosotros con piedad y vences nuestros pecados, y envías todos nuestros pecados al fondo del mar.
> Miqueas 7:18-19

¿Quieres reconciliarte con Dios y recibir su misericordia? ¿Quieres que Dios ya no esté enfadado contigo por haber abortado a tu bebé? ¿Quieres que Dios sonría cuando te mire? Un hombre se acercó a Pablo y Silas.

El hombre estaba temblando. Se postró delante de Pablo y Silas y les dijo ¿qué debo hacer para ser salvo?

Ellos respondieron –

> Cree en el Señor Jesucristo y te salvarás.
> Hechos 16:31

¿Servirá cualquier creencia antigua?

No. Hay que arrepentirse. Eso es lo contrario de rechazar el poder del Espíritu Santo. Dios te perdonará por tus abortos si te arrepientes y te vuelves a Jesús. Puedes estar 100% segura de eso.

"Arrepiéntete".

Jesús, Mateo 4:17

¿Qué quiso decir Jesús con arrepentirse? Ahora te mostraré un ejemplo de arrepentimiento genuino en el Nuevo Testamento. Poco después de que Jesús resucitó de entre los muertos y volvió al cielo, el apóstol Pedro se levantó y habló a las personas. Les dijo que Jesús, el que habían crucificado, era su Señor y Salvador.   Hechos 2:22-24

Algunas de las personas de la multitud experimentaron una reacción cuando escucharon a Pedro decirles eso. La versión Reina Valera dice que se compungieron de corazón.   Hechos 2:37

La palabra compungir es la N° 2660 en la Concordancia de Strong. Es la palabra griega katanusso. Se compone de dos palabras griegas más pequeñas. La primera es la N° 2596, kata, que significa "abajo". La segunda es la palabra nusso, N° 3572.

Cuando Jesús estaba colgado en la cruz, uno de los soldados romanos tomó una lanza y traspasó a Jesús en su costado, e inmediatamente salió sangre y agua. Traspasar es la palabra nusso, N° 3572.   Juan 19:34 (RV)

Cuando Pedro les dijo que habían crucificado a su Señor y Salvador las personas fueron traspasadas (nusso) en su corazón. No fueron apuñaladas en el costado con una lanza. Pero se puede decir que fueron apuñaladas en el corazón.

La palabra nusso se utilizó para darnos una idea de cómo se sintieron cuando escucharon a Pedro decirles que crucificaron a su Señor y Salvador.

La palabra griega nusso, usada para el traspaso del corazón de las personas, es un sinónimo de la palabra griega ekkenteo, Nro.1574, que es una palabra utilizada para el clavado de Jesús en la cruz.

Juan 19:37; Apocalipsis 1:7

¿De qué oyeron hablar las personas a Pedro?

Hechos 2:11 dice que habló de las obras maravillosas de Dios (RV). Pedro habló lo que los cristianos llaman la Palabra de Dios. Efesios 2:8 dice que somos salvados por la gracia de Dios que recibimos por medio de nuestra fe. Y Romanos 10:17 dice que la fe viene por escuchar la Palabra de Dios. Yo te estoy dando la Palabra de Dios. Puede salvar tu alma.

Este fue un momento especial y alrededor de 3000 personas respondieron. ¿Fueron todos en la ciudad traspasados en su corazón? No. Había muchas personas en Jerusalén cuando Pedro habló. Jesús dijo que la puerta es estrecha y pocos la encuentran. Así que, si tienes una conversión genuina, entonces eres muy afortunado, de verdad. Tu conversión genuina te hace cambiar de opinión sobre el aborto. Algo sucede que te hace saber que hiciste un terrible mal. Admites que eres una pecadora. Y ahora quieres alivio.   Mateo 7:13-14; Hechos 2:41

Cuando las personas se sintieron compungidas, actuaron. Le preguntaron a Pedro qué hacer. Y cuando Pedro les dijo – obedecieron. Esto no es algo que sólo se dice. Es algo que se hace. Es un cambio radical. Es profundo, hondo, hasta la médula. El apóstol Pablo dijo que obedeció lo que Jesús le dijo que hiciera, enseñando a las personas a arrepentirse y luego a vivir sus vidas de manera que la gente pueda ver que han cambiado.
                                    Ver Lucas 19:8-10; Hechos 26:20

¿Quieres arrepentirte? Piensa en quién es Jesús y en cómo actuó por nosotros. Piensa en lo mucho que Él sufrió –por nosotros. Pedro le dijo a las personas que crucificaron a su Señor y Salvador. Adivina qué. Nosotros también crucificamos a Jesús. Lo pusimos en esa cruz a causa de nuestros pecados. Deberías leer Isaías 52:13 - 53:12. Y luego, si quieren arrepentirse, miren a Jesús en esa cruz –

> Mirarán al que han traspasado,
> y llorarán incontroladamente por Él,
> como alguien llora por la muerte de su único hijo.
> Se sentirán aplastados por Él,
> como alguien se siente aplastado por la muerte de su hijo
> primogénito.
>   Zacarías 12:10

Jesús fue traspasado con clavos en la cruz. Y Él quiere que tú lo mires en la cruz y seas traspasado en tu corazón. Tienes que humillarte ante Dios y luego dejar que Dios te humille. Jesús nunca pecó contra Dios. Pero Jesús se humilló ante Dios para enseñarnos con su ejemplo. Ver 1 Pedro 2:21

Jesús se humilló a sí mismo.
Filipenses 2:8

Habla con Dios. Dile cómo te sientes. Sé honesta. Dile lo que hiciste y pídele que te perdone. Dile que lo sientes. Eso se llama confesar tu pecado a Dios. Si le das tu vida a Jesús, entonces la promesa de 1 Juan 1:9 es para ti.

Dios es digno de confianza y cumple la ley.
Si le confesamos nuestros pecados,
entonces Él nos perdonará y nos limpiará
de todo lo que está mal en nosotros.
1 Juan 1:9

Abandona tu pecado y vuélvete a Jesús con una fe infantil. Sé como la mujer que lavó los pies de Jesús con sus lágrimas. Lucas 7:36-50

Sé como la persona que dijo –

Así como el ciervo jadea excitado por las corrientes de agua
Yo corro con intensidad sin aliento hacia Ti, mi Dios.
Mi alma tiene sed de Dios, del Dios vivo.
Salmo 42:1-2

El mensaje de la Biblia es la resurrección de la muerte, el renacimiento, la vida nueva. Si acudes a Jesús con sinceridad, Él no te rechazará. Si crees en Jesús con todo tu corazón entonces se acabó. Jesús tomó tu sentencia de culpabilidad. Ver Hechos 8:35-38

Arrepiéntete ahora y vuélvete a Jesús
y tus pecados serán borrados.
Hechos 3:19

Estarás en tu sano juicio. Ahora podrás reclamar todas las promesas de la Biblia que Dios hace a los creyentes. Puedes tener amor, alegría, felicidad y paz en el Señor.
Gálatas 5:22-23

> No tengas una mente preocupada. Y no tengas miedo.
> Yo no doy la clase de paz que da este mundo.
> Yo te doy Mi paz.
>
> Jesús, Juan 14:27

> Te he dicho estas cosas porque quiero que Mi felicidad viva en ti
> —para que te llenes hasta el tope de Mi felicidad.
>
> Jesús, Juan 15:11

1 Pedro 1:8 dice que los que hemos recibido a Jesús tenemos una felicidad que no se puede describir —no se puede poner en palabras. Y somos tan felices por ello que saltamos de alegría.

Jesús te recibirá con los brazos abiertos. Te abrazará y te besará, aunque hayas abortado. Podrás vivir de nuevo. Él te dará su Espíritu Santo. Nacerás de nuevo. Sabrás que estás perdonada. Serás una nueva persona. Tendrás nuevos pensamientos y deseos, y vivirás tu vida de manera diferente. Empezarás a ir en la dirección correcta.
Juan 3:3; 2 Corintios 5:17

Cuando Dios te mire verá a Jesús, la perfecta inocencia y santidad de Jesús. En el tribunal de Dios Él te declarará inocente. Será como si nunca hubieras abortado—

> No me acordaré de tus pecados.
> Dios, Isaías 43:25

> Hubo un tiempo en que no te importaba Dios.
> Te hiciste enemigo de Él al hacer cosas pecaminosas.
> Pero te has reconciliado con Dios.
> - porque Jesucristo vivió y murió en un cuerpo humano.
> Así que ahora estás en la presencia de Dios como alguien libre de pecado y perfecto.
> Todos los cargos contra ti han sido retirados.
>
> Colosenses 1:21-22

Eres libre. Ya no temerás la ira y el castigo de Dios. Se acabó.

> Por lo tanto, ahora no hay condenación
> para los que están en Cristo Jesús.
> Romanos 8:1 (RV)

Jesús dijo –

> No tengan miedo.
> Jesús,   Mateo 28:10; Marcos 6:50;
> Lucas 5:10; 12:7, 32;
> Apocalipsis 1:17; 2:10; Ver Marcos 5:36; Juan 12:15

Un día, pronto, estarás en el Cielo. Todos tus malos recuerdos serán quemados, desaparecidos para siempre. Jesús enjugará personalmente todas las lágrimas de tus ojos.   Apocalipsis 21:3-4

> Todo el que crea en Jesús
> no se avergonzará.
> Romanos 10:11

Entonces Jesús te presentará a la persona o las personas que abortaste. Ellas te perdonarán. Ellas han estado en el Paraíso disfrutando de placeres más allá de nuestra capacidad de imaginar. Te encontrarás con ellas un día y te sonreirán –la mejor sonrisa que jamás hayas visto, excepto por la sonrisa que verás en el rostro de Jesús. Te abrazarán y te besarán. Todo está perdonado y olvidado. Ahora sólo miramos hacia adelante.

¿Por qué Jesús dio su vida por nosotros?

> Yo soy el buen Pastor.
> El buen Pastor da su vida por las ovejas.
> Jesús, Juan 10:11

> Dar la vida por los que amas
> es el mayor acto de amor.
> Jesús, Juan 15:13

Pero Jesús no permaneció muerto. Su cuerpo estuvo en la tumba durante tres días y tres noches. Luego, resucitó de entre los muertos.

Mateo 12:40; 28:5-6; Marcos 8:31; Juan 2:19-21

No tengas miedo. Yo soy el Primero y el Último.
Yo soy la Vida, pero me convertí en un muerto.
Ahora, ¡mira! Estoy vivo.
Sí, soy el que da la vida eterna por los siglos de los siglos.

Jesús, Apocalipsis 1:17-18

Tenemos felicidad con Dios gracias a Jesucristo.

Romanos 5:11

¿Qué pasa si eres cristiana y te involucraste en la inmoralidad sexual y te contagiaste de enfermedades de transmisión sexual (ETS)? Dios te perdonará por tu inmoralidad sexual, pero tu cuerpo podría sufrir dolor o incluso la muerte por esas enfermedades de transmisión sexual. ¿Qué pasa si eres cristiana y has abortado? Dios te perdonará por haber abortado, pero tu cuerpo podría reaccionar al aborto contrayendo cáncer de mama.

Si nuestros pecados no tuvieran consecuencias negativas no tendríamos ninguna razón para dejar de hacerlos. Contraemos ETS por inmoralidad sexual, o cáncer de mama por realizarnos un aborto, porque Dios quiere que nuestros pecados tengan consecuencias. Dios quiere que sepamos que el pecado es un asunto grave. Mira por lo que pasó Jesús para pagar la pena por nuestros pecados.

Mateo 26:65-68; Marcos 15:15-20

Ponte de rodillas y agradece a Dios por la enfermedad que te causaron tus pecados. Su dolor hará que te tomes más en serio el dedicar tu vida a trabajar para Jesús.   Ver Hebreos12:6

> Ten siempre un espíritu de agradecimiento
> porque perteneces a Jesucristo
> –sin importar lo que te suceda.
>
> Y entonces, cuando Dios vea que haces eso,
> se sentirá feliz.
> 1 Tesalonicenses 5:18

Estás leyendo este libro, así que estás viva. Aprovecha al máximo lo que tienes. Usa lo que Dios te da, en el lugar que Él te pone. Sirve a Dios y ten contentamiento. Sé siempre agradecida por Jesús.

Dios es tan asombroso. Él puede hacer cualquier cosa. Hay algo que Él hace por aquellos que lo aman porque nos ama tanto.

Aquí hay un verso de la Biblia que las personas usan mal -

> Y sabemos que todas las cosas obran para bien
> para aquellos que aman a Dios.
> Romanos 8:28 (KJV)

¿Miras a la cruz de Cristo? ¿Te sientes compungida? ¿Lloras por tus pecados? ¿Te diriges a Jesús en humilde obediencia? ¿No? Entonces no amas a Dios. Y si piensas que este verso se aplica a ti, entonces lo estás usando mal. Jesús dijo que si no lo obedeces, entonces no lo amas.

Juan 14:15,21,23-24

Pero si realmente amas a Dios entonces puedes poner tu confianza en la promesa que Dios hizo en ese verso. Es para ti.

¿Te sientes débil?

El apóstol Pablo dijo

Soy fuerte cuando soy débil.
Dios me dijo que su poder trabaja mejor en la debilidad.
2 Corintios 12:9-10

Mi gracia es suficiente fuerza para ti.
Dios, 2 Corintios 12:9

Cuando somos débiles, cuando dejamos que Dios nos humille, cuando no estamos llenos de orgullo obstinado, entonces Dios puede hacer uso de nosotros.

Tal vez eres cristiana y has tenido abortos y te has arrepentido y le has pedido a Dios que te perdone –sabes que te perdona, pero todavía te sientes mal. A veces me despierto en la mañana y pienso en la mala manera en que traté a mis padres y a otras personas. Recuerdo cosas que hice cuando tenía seis años. Mi amigo, el predicador callejero Tilman Gandy, dijo que Dios perdonará, pero el sistema nervioso central podría no hacerlo.

A veces nos ponemos a pensar en los pecados que hemos cometido y nos preocupamos de si Dios realmente podría perdonarnos por hacer cosas tan malas. No queremos hacer eso. Es como llamar a Dios mentiroso. Sabemos que Dios puede perdonar y perdona los pecados de los que lo aman. Él hace borrón y cuenta nueva.

Si te horroriza haber abortado, es que tienes un concepto demasiado elevado de ti misma. Somos humanos. Todos pecamos horriblemente. Eso es lo que hacen los humanos.

Recordamos cosas que hicimos y no podemos creer que las hayamos hecho. Estamos sorprendidos, avergonzados y asqueados. Usa eso como una lección. Es sólo por un acto de Dios que somos capaces de hacer el bien. Todo el mundo peca. Los cristianos pecan.

Si la muerte de Jesús no pudiera pagar por cada pecado, entonces todos estaríamos condenados.

Cuando empiezo a sentirme mal o a pensar en algo que hice en el pasado, y me pregunto si Dios podría perdonarme por ello, le pido a Dios que me perdone por dudar de su perdón y pensar que el sacrificio de Jesús en la cruz no funcionó. Luego pronuncio el nombre de Jesús en voz alta y digo paz y alegría en el Señor.

> Dios no nos da una mente temerosa.
> Nos da su poder y su amor
> para que podamos tener una mente disciplinada.
> 2 Timoteo 1:7

Debes saber que tu futuro está en el Cielo. Y porque has recibido a Jesús, puedes hacer esto –

> Aquí está lo que puedes hacer de una vez por todas con esas preocupaciones que te están consumiendo. Agarra todas ellas. Agárralas bien fuerte.
>
> Ahora lánzalas con toda la fuerza que puedas. Lánzalas sobre Dios. Sí, puedes hacerlo.
>
> ¿Por qué? Porque Dios se preocupa por ti.
> 1 Pedro 5:7

Tengo algo que decirte

Si pudiera decirle algo a alguien, sea cristiano o no, es esto. Es el asunto más urgente de nuestro tiempo. Determinará si tienes éxito o fracasas, si tienes paz o ansiedad, si tienes la verdad o el error.

Y es esto –tienes que estudiar la Biblia.

¿Cuál es la mayor maldad?

Es cuando se les quita la Biblia a las personas o cuando las personas que tienen la Biblia deciden ignorarla.

Esto mismo se lo dije a cientos de personas en mi ministerio de la calle. No importaba de qué dolencia se quejaran, siempre prescribía la misma medicina: estudiar la Biblia. Muchos respondían diciendo –oh, no puedo hacer eso. Bueno, entonces vas a tener problemas.

Que adquieras o no el gusto por el estudio de la Biblia es algo que depende de ti y de Dios, al igual que tu salvación es algo que depende de ti y de Dios. Yo no puedo darte ninguna de las dos cosas. Todo lo que puedo hacer es decirte que el gusto por el estudio de la Biblia es lo mejor. Puede que me creas o puede que no. Espero que lo hagas.

Si supieras de lo que te pierdes, te pondrías de rodillas todos los días y le suplicarías a Dios que te diera el gusto por el estudio de la Biblia. Por supuesto, una de las razones por las que no tienes ese gusto es porque rara vez abres tu Biblia.

Y también le estoy hablando a los compañeros cristianos. He estado en iglesias. Sé que la mayoría de los cristianos no estudian la Biblia, no saben cómo estudiar y no tienen idea de lo que se pierden. Muchos cristianos piensan que estudian la Biblia, pero realmente no lo hacen.

Cuando descubran lo que se perdieron entonces llorarán de arrepentimiento.

Si eres cristiano y no estudias la Biblia, entonces ¿de qué te sirve? No tendrás sabiduría y discernimiento. No serás bendecido por Dios. La falta de estudio de la Biblia es el mayor problema en el mundo. Por eso el diablo y sus ministros se salen con la suya.

No solo te estoy diciendo que estudies la Biblia, te estoy mostrando cómo estudiar. Abre tu Biblia y usa tu mente. Usa tu imaginación. Piensa en maneras de compartir con las personas lo que aprendes de tu estudio de la Biblia.

Dios me dio la idea de crear preguntas interesantes que enseñan una verdad de la Biblia. Así es como empecé mi ministerio en la calle.

Te lo diré por mi propia experiencia
Si quieres ser bendecido entonces necesitas hacer un estudio bíblico intenso. Tiene que ser tu mayor amor. Tiene que ser lo primero en tu vida. Debes tener tu mente en la Biblia durante todo tu día. Esto no es un pasatiempo. No lees de un devocional en la mañana como si fuera una taza de café.

Sé como un entrenador de fútbol que está tratando de ganar un campeonato. Sé como las personas que envían una expedición a Marte. Tienes que estar inmerso, absorbido, saturado. Sí, por supuesto, tienes tu trabajo y tu familia. Por supuesto que les das su debida consideración.

Pero tu estudio de la Biblia es aún más importante. Es tu primer amor. Tu trabajo y tu familia pasarán. Pero tu estudio de la Biblia te da tesoros en el cielo que nunca pasarán. Mantén tu mente en la Biblia. Mantente en la Palabra.

La Biblia es lo más valioso, lo más precioso del mundo.

Después de recibir a Jesús todavía experimentarás sufrimiento. Eso es porque vivimos en un mundo que ha sido corrompido por el pecado. Y vivimos en cuerpos hechos de carne que están sujetos a la tentación, la enfermedad y la muerte. Y los cristianos genuinos son odiados por el mundo.

Pero tendrás momentos de intensa alegría. Estarás enfocado en el trabajo que Dios te da para hacer. Y tendrás la promesa segura de vivir con Jesús en el cielo para siempre. Llegará el día en que Jesús nos pondrá en nuestros cuerpos eternos, sin pecado y espirituales.

Apocalipsis 21:3-4

Recibe el yelmo de la salvación
y la espada del Espíritu, que es la Palabra de Dios.

Ora en el Espíritu a través de todo lo que venga a ti.
Habla con Dios y dile lo que necesitas.

Está preparada. Sé seria, firme, inquebrantable, inamovible.
Y ora por las necesidades de tus hermanas y hermanos cristianos.
Efesios 6:17-18

Algunas personas te dicen que son cristianas.
Luego dicen que la Biblia no tiene ningún problema con el aborto.

¿Sabes cómo responder?
En los capítulos cinco a diez te mostraré cómo hacerlo.

Capítulo Cinco

¿Aliento o sangre?

"Elige la vida"
Dios, Deuteronomio 30:19

¿El feto respira?

Este es un argumento mentiroso por parte de personas que se hacen llamar cristianas. Afirman que lo aprendieron de la Biblia.

Dicen que la Biblia enseña que la vida de una persona está en su respiración – y por lo tanto un feto no está vivo hasta que nace y toma su primer aliento. Concluyen entonces que Dios no tiene ningún problema con el aborto.

¿De verdad? ¿No se puede saber por simple observación que hay un niño vivo en el vientre materno?

En el debate sobre el aborto no importa dónde está nuestra vida, y no importa si un feto respira o no respira. Sabemos la verdad. Nuestro Guía ya nos lo dijo. Un feto es una persona.

Sí, hay versos que parecen decir que nuestra vida está en nuestra respiración. Y hay versos que dicen más enfáticamente que nuestra vida está en nuestra sangre. Pero adivina qué, un niño en el vientre materno tiene tanto respiración como sangre.

¿El feto respira?
Los pulmones de un niño en el útero están llenos de agua. Ellos no respiran a través de sus pulmones. Cuando nacen, lloran y jadean y respiran por primera vez cuando el agua sale de sus pulmones.

Pero te equivocas si crees que eso significa que el feto no respira. El niño en el vientre materno sí respira, pero de forma diferente. El feto vive en el útero de su madre. El útero también se llama matriz. Cuando una mujer se queda embarazada, en su útero crece un órgano llamado placenta. La placenta está conectada al niño por un cordón llamado cordón umbilical.

El niño recibe de su madre todo lo que su cuerpo necesita para vivir. La madre respira aire a través de sus pulmones para su hijo y come alimentos sólidos para él. La madre envía alimentos, sangre y oxígeno al bebé en su vientre. Estos se transportan a través de la sangre del cordón umbilical y llegan al corazón y al torrente sanguíneo del niño.

Luego, el niño devuelve la orina y el dióxido de carbono a la madre a través del cordón umbilical y el cuerpo de ésta los elimina. Por lo tanto, el bebé sí respira gracias al oxígeno que fluye desde la madre hacia la placenta, y luego a través del cordón umbilical hacia el bebé.

Así que sabemos que esos cristianos llegaron a una conclusión equivocada. Y sabemos que la Biblia nunca dice que está bien matar a un feto.

Aquí hay un breve estudio bíblico sobre el tema de la respiración y la sangre. Di varios ejemplos sobre el aliento. Por favor, no me dejes. Disfrútalos.

• Génesis 2:7 es un verso favorito para aquellos que hacen la falsa afirmación de que un feto no es una persona hasta que nace y toma su primer aliento.

> El Señor Dios formó a Adán del polvo de la tierra
> y sopló el aliento de vida en sus fosas nasales,
> y Adán se convirtió en una persona viva.
> Génesis 2:7

Lo primero que hay que saber es que Adán fue una excepción. Adán nunca vio el interior de un vientre, no tuvo madre. Así que Dios tuvo que hacer algo especial para él.

¿Hizo Dios la reanimación boca a boca en Adán? ¿O fue una respiración espiritual? La Biblia utiliza el aliento, el aire y el viento para simbolizar cosas espirituales.

• Un hombre llamado Nicodemo vino a conocer a Jesús y éste le dijo que una persona no puede ir al cielo si no tiene un segundo nacimiento –si no nace de nuevo por el Espíritu, el Espíritu Santo de Dios.

Juan 3:1-5

Entonces, Jesús dijo –

> El VIENTO va donde quiere. Puedes oír el sonido que hace el
> viento –pero no puedes ver el lugar de donde viene y
> y no sabes a dónde va a ir. Y así es con todos los que
> que reciben un segundo nacimiento del ESPÍRITU.
> Jesús, Juan 3:8

En Juan 3:8, las palabras viento y Espíritu son ambas la misma palabra en el griego original - pneuma, N° 4151. El viento es físico y el Espíritu Santo de Dios es espiritual. Pero la misma palabra griega se usa para ambos.

• En la versión King James (del Rey Jacobo), 2 Timoteo 3:16 dice que cada palabra de la Biblia fue "dada por inspiración de Dios". El griego original utiliza una sola palabra, theopneustos, N° 2315. Puedes ver Theo en esa palabra. Esa es la palabra Dios en griego, N° 2316. Y está pneustos. Se parece a pneuma, la palabra en Juan 3:8 que se usó tanto para el viento como para el Espíritu de Dios. Eso es porque son de la misma familia. Ver N° 4154.

El significado literal de 2 Timoteo 3:16 en el griego original es que Dios insufló cada palabra de la Biblia a los hombres que las escribieron. ¿Dios sopló las palabras física o espiritualmente?

• En Juan 20:22, Jesús sopló sobre Sus discípulos y dijo– reciban el Espíritu Santo.

• En Ezequiel, capítulo 37, Dios sopló vida en los huesos secos. Significa que Dios sopló Su Espíritu Santo en las personas que habían estado muertas de hambre espiritualmente por malos pastores que no las alimentaron con la Palabra de Dios.

Versos en la Biblia que parecen decir que nuestra vida está en nuestra respiración–

• Cuando el profeta Elías estaba sin hogar y hambriento, Dios le dijo que fuera a una mujer en Zarepheth. Dios le dijo a Elías que instruyó el corazón de esa mujer para que lo alimentara. Mientras Elías estaba allí, el hijo de la mujer murió. La Biblia no dice que murió. Dice que ya no le quedaba aliento. 						1 Reyes 17:17

• Job dijo –

> No hablaré de maldad ni de engaño
> durante todo el tiempo que dure mi aliento.
> Job 27:3-4

Por "todo el tiempo que dure mi aliento" Job quiso decir toda su vida.

• Dios hizo un diluvio y sólo salvó a Noé y a su familia. Después de que todo terminó, Génesis 7:22 dice que todos los que tenían aliento de vida en sus fosas nasales habían muerto. Por lo tanto, parece que perdieron la vida cuando perdieron la capacidad de respirar.

• Josué 11:14 dice que Israel hizo lo ordenado por Dios y no dejaron a ninguno respirar. Así que respirar es lo opuesto a estar muerto.

¿En qué se diferencia la sangre?

Yo diría que cuando la Biblia habla de que la vida está en el aliento es más bien algo simbólico. La Biblia habla de que la vida está en la sangre de una manera más literal. Dios no dijo las palabras "la vida de la carne está en el aliento". Pero Dios sí pronunció esto–

La vida de la carne está en la <u>sangre</u>.
Dios, Levítico 17:11

Los cuatro Evangelios registran la muerte de Jesús. En vez de decir que Jesús murió, los cuatro Evangelios dicen que Jesús entregó el espíritu. La palabra espíritu es la palabra griega pneuma, N°4151, que puede significar viento, aliento, espíritu o Espíritu. ¿Significa eso entonces que la vida en el cuerpo de Jesús estaba en su aliento?

La frase "entregó el espíritu" se encuentra en Mateo 27:50; Marcos 15:37; Lucas 23:46 y Juan 19:30

La noche antes de que Jesús muriera crucificado se reunió con sus apóstoles. Jesús tomó una copa, dio gracias por ella y la entregó a los apóstoles. Jesús dijo: "Bebed todos de ella, porque ésta es mi sangre del nuevo pacto, que será derramada por muchos como remisión de sus pecados".   Mateo 26:27-28; Ver Juan 19:2, una corona de espinas

Jesús no dijo tomen esta copa, todos ustedes, y respiren. Jesús no dijo esto es Mi aliento. Él dijo esta es Mi sangre que es entregada por ustedes. Cuando Jesús dijo Mi sangre, Él quiso decir Mi muerte. Romanos 3:25 dice que somos salvados por la fe en Su sangre. Ellos no mataron a Jesús exprimiendo el aliento de Él. Jesús no fue estrangulado o asfixiado. Jesús fue azotado brutalmente. Le pusieron una corona de espinas en la cabeza. Jesús sangró.

Cuando la multitud insistió en que Jesús fuera crucificado, Poncio Pilato se lavó las manos y dijo: Soy inocente de la sangre de esta Persona justa. Quiso decir que era inocente por la muerte de Jesús.   Mateo 27:24 KJV

En la Biblia, el asesinato no se llama derramamiento de aliento. El asesinato se llama derramamiento de sangre. Dios no dijo que los asesinos tienen aliento en sus manos. Nadie se desmaya al ver el aliento.
                                                         Génesis 9:6; Ezequiel 23:45

Espero que hayas disfrutado de este estudio bíblico.

No le creas a las personas que dicen que está bien matar a un niño porque todavía no ha respirado por sus pulmones. Te están engañando. Cuídate de cualquiera que te diga que es cristiano y que haga ese argumento. Quieren alimentarte a través de un cordón umbilical no bíblico.

Son algunos de los lobos con piel de oveja de los que Jesús nos advirtió.
                                                    Mateo 7:15-23; Ver Hechos 20:29-31

En Tito 1:9-11, el apóstol Pablo advirtió que el engaño vendría de personas que se hacen llamar cristianas. Pablo dijo que son como las personas que pretenden ser tu amigo y luego te apuñalan por la espalda. Utilizan palabras como Biblia y cristiano. Hablan con autoridad. Pero odian la verdad de la Biblia.

   • Pablo dijo que las enseñanzas de esta gente no son sanas. (Pablo usó una palabra griega para sano que significa saludable. Las enseñanzas sanas son enseñanzas que son verdaderas, puras, completas, y dan salud espiritual).

   • Pablo los llama engañadores. La palabra griega es phrenapates, N° 5423. Se compone de dos palabras. La primera parte es phren, N° 5424. Significa tu mente. La segunda parte es apate, N° 539, que viene de apateo, N° 538. Significa engañar o hacer trampa. Ellos engañan tu mente. Son estafadores que hablan suavemente y te engañan para que no sepas la verdad.

   • Pablo dijo que es el trabajo de los cristianos genuinos silenciar a esos impostores. Él usó una palabra que significa amordazar la boca de un animal para evitar que muerda a las personas.   Tito 1:11

Lo hacemos dando a las personas las sanas enseñanzas. Le damos a las personas la Palabra de Dios pura. Y el Espíritu Santo de Dios se encargará de ello.

Pablo y Silas fueron a Berea y enseñaron a las personas. Y las personas examinaban la Biblia todos los días. ¿Por qué? Para ver si lo que Pablo y Silas enseñaban coincidía con lo que dice la Biblia. Cuando alguien te dice que es cristiano y dice que Dios no tiene ningún problema con el aborto, entonces tienes que examinar la Biblia para ver si lo que esta persona te está enseñando coincide con lo que la Biblia enseña.

Ver Hechos 17:10-12

Ya sea que creas que nuestra vida está en nuestro aliento o en nuestra sangre, una cosa es segura. Es un argumento falso decir que el aborto está bien porque la vida puede comenzar con la respiración. Es una matemática perversa. La Biblia dice que un feto es una persona.

Habría que cerrar los ojos voluntariamente para no saber que un feto es un niño. El feto es una persona viva hasta que lo matas por medio del aborto.

El espíritu vivo que Dios puso en el feto está en la sangre que fluye por sus venas. Su vida se drena cuando se desangra hasta morir durante el aborto.

Capítulo Seis

Libertad Cristiana

¿Dio Jesús a los cristianos el libre albedrío para abortar?

Tengo una pregunta para las personas que dicen que Jesús les dio libre albedrío para abortar. ¿De dónde sacan su información? Porque no hay tal cosa en la Biblia como el libre albedrío para matar a un niño.

Jesús dijo esto a algunos que hablaban falsamente –

> La razón por la que son engañados es que
> no conocen la Biblia ni el poder de Dios.
> Jesús, Mateo 22:29

Tal vez pienses –Oh, claro Bruce, tú conoces las respuestas porque eres una especie de erudito. No. Nunca he puesto un pie en una universidad. En realidad, sólo necesitas dos cosas para encontrar las respuestas en la Biblia: las bendiciones de Dios y el trabajo duro.
Deuteronomio 6:6-9; Mateo 16:17;
Hechos 17:11; 2 Timoteo 2:15; Hebreos 11:6

Hay una palabra griega usada en el Nuevo Testamento para voluntad o albedrío, como en el libre albedrío. Es thelema, N° 2307 en la Concordancia de Strong.

¿Qué dice la Biblia sobre el libre albedrío del cristiano?
En Lucas 11:1, uno de los discípulos de Jesús dijo: Señor, enséñanos a orar. Y Jesús les dijo a los discípulos que cuando oraran a Dios, dijeran...
"Hágase tu voluntad (thelema)".
Lucas 11:2

En Apocalipsis 4:11, la versión King James (del Rey Jacobo) dice que Dios creó todo para su "placer". La palabra "placer" es la palabra griega thelema.

En Mateo 12:50, Jesús dijo –¿Quién es mi hermano, y mi hermana, y mi madre? Es quien hace la voluntad (thelema) de Mi Padre, Dios. Jesús lo dijo así para mostrar lo queridos que son para Él aquellos que eligen obedecer a Dios y hacer lo que a Él le agrada.

Jesús dijo que no irás al Cielo sólo porque te consideres cristiano. Jesús dijo que los únicos que van al Cielo son los que hacen la voluntad (thelema) de <u>Dios</u>.

Mateo 7:21

Jesús hizo libres a los cristianos, 2 Corintios 3:17; 1 Pedro 2:16. La Biblia lo llama libertad cristiana. Analiza y saca tus conclusiones,

• ¿Qué es la libertad cristiana? Jesús nos dijo –

> Escucha lo que voy a decir. Si decides hacer del
> el pecado tu rutina diaria, entonces serás el esclavo del pecado.
> Lo diré de nuevo. Si te entregas al pecado
> entonces realmente serás el esclavo del pecado.
> Pero si te hago libre, entonces serás verdaderamente libre.
>
> Jesús, Juan 8:34,36

Jesús dijo que la libertad cristiana es la liberación de la esclavitud del pecado.

• ¿Qué es el pecado?
  El pecado es la violación de la ley de Dios.   1 Juan 3:4.

• ¿El aborto va en contra de la ley de Dios?
  No matarás a una persona. Éxodo 20:13.

Sí, el aborto va en contra de la ley de Dios. El aborto es pecado. El pecado no es una libertad cristiana. No es la voluntad de Dios que los cristianos pequen. Por lo tanto, llamar al aborto una libertad cristiana es una mala conclusión.

• ¿Quién tiene libertad cristiana?
  Cuando te permites obedecer a alguien
  como si fueras su esclavo –entonces eres su esclavo.
  Puedes ser un esclavo obediente al pecado, que te matará.
  O puedes ser un esclavo obediente a la justicia.

Pero gracias a Dios que ustedes que eran esclavos del pecado
tomaron la decisión de ser obedientes
y seguir el patrón de enseñanzas que se les dio.
Así que ahora han sido liberados del poder del pecado
para esclavizarlos. Y en su lugar, se han convertido en esclavos
de la justicia de Dios.

Romanos 6:16-18

Sólo los que obedecen a Cristo tienen libertad cristiana.

• ¿Qué hizo Jesús para darnos esa libertad?

Los hijos de Jesús viven en un cuerpo humano.
Por eso Jesús vino y vivió en un cuerpo humano también.
Jesús hizo eso para poder morir.
Porque cuando Jesús murió le quitó al diablo la capacidad de
usar la muerte como un arma contra sus hijos.
El diablo había mantenido a los hijos de Jesús en la esclavitud del
miedo a la muerte durante toda su vida.
Pero cuando Jesús murió liberó a sus hijos.

Hebreos 2:14-15

La libertad cristiana significa que los cristianos podemos confesar
nuestros pecados a Dios en el nombre de Jesucristo y ser perdonados
porque Jesús pagó la pena por nuestros pecados al morir en la cruz.
Significa que no tenemos que vivir con miedo a la muerte y al diablo. El
diablo no tiene ningún caso legal contra nosotros. Significa que ahora
podemos obedecer la ley de Dios. Podemos llegar a ser esclavos de
Cristo en lugar de esclavos del pecado. Eso es libertad cristiana.
¡Gracias Jesús!   1 Pedro 2:16

Una advertencia de Jesús –

Cuando el rey entró a ver de cerca a los invitados
se fijó en uno que no estaba vestido para la boda.
Y el rey le dijo: "Perdona, amigo,
¿cómo has entrado aquí sin un traje de boda?
Y la persona no dijo nada.
Entonces el rey dijo a sus ayudantes,

Aten las manos y los pies de esta persona.
Ahora levántenla y arrójenla fuera de aquí
y a la oscuridad
– donde habrá llanto y rechinar de dientes.
Jesús, Mateo 22:11-13

Esa es la conclusión de una historia que Jesús contó sobre un banquete de bodas. El banquete de bodas es para celebrar la boda de Jesús con sus auténticos seguidores. La persona que se coló sin el traje de bodas es alguien que finge ser un genuino seguidor de Jesús.   Ver Isaías 54:5

Hay muchas, muchas personas que dicen ser cristianas –pero son impostores. No tienen un traje de bodas. En vez de eso, llevan ropa de oveja. Se ponen eso para hacerte creer que son cristianos. Pero son lobos disfrazados de ovejas. Es el truco más antiguo del libro. Es lo que el diablo le hizo a Eva. Pero no engañarán a Jesús. Y Jesús no quiere que sus seguidores sean engañados por ellos.
Génesis 3:1-19; Mateo 7:15-27; 24:3-4;
Hechos 20:28-31; 2 Corintios 11:14-15; 1 Juan 4:1; Judas 1:3-4

La Biblia dice que el aborto es un asesinato. Entonces, las personas se llaman a sí mismas cristianas y crean un Nuevo Cristianismo que apoya sus deseos pecaminosos. Su Nuevo Cristianismo llama al aborto una bendición. Tienen su propio Jesús y su propio evangelio. Pero este Nuevo Cristianismo es falso y mortal.

Por eso los cristianos debemos estudiar la Biblia. Entonces podremos usar la espada del Espíritu, que es la Palabra de Dios.   Efesios 6:17

No me limité a soltar una respuesta. Te llevé a la Biblia. La próxima vez que alguien diga que Jesús da a los cristianos libre albedrío para abortar, pídele que lo demuestre con la Biblia. Y hazme saber lo que dicen, por favor.

Si continúan en mi palabra, entonces son mis verdaderos
discípulos, y conocerán la verdad, y la verdad los hará libres.
Jesús, Juan 8:31-32

Capítulo Siete

**¿Hay algún pasaje de la Biblia
que apruebe el aborto?**

Éxodo 21:22-25

Los Sanguinarios dicen que aquí es donde Dios les dio permiso para hacer abortos.

Éxodo 21:22-25 trata del posible caso en el que unos hombres estén peleando y accidentalmente golpeen a una mujer embarazada.

El argumento se reduce a una palabra en el verso 22 – "apartarse", N° 3318. Algunas versiones de la Biblia lo traducen como un aborto espontáneo –que cuando los hombres golpearon a la mujer ella tuvo un aborto espontáneo y el bebé murió. Otras versiones bíblicas dicen que el bebé nació prematuramente –pero sobrevivió.

El verso 22 también dice que, si no se produce ningún otro daño, los hombres que golpearon a la mujer deben pagar una multa. A los Sanguinarios les gustan las versiones de la Biblia que dicen que el bebé murió. De esta manera, cuando el verso habla de que no se produce más daño, debe estar refiriéndose a la madre. Eso significaría que la multa se paga por la muerte del feto.

La Biblia dice que el castigo por asesinar a una persona es la muerte. Los sanguinarios dicen que aquí, en el versículo 22, el asesinato del feto sólo se castiga con una multa. Así, concluyen que Dios no cree que un feto sea tan valioso como un adulto. Luego dan un paso más y afirman que Dios está diciendo que está bien abortar a los fetos.

Esto es lo que está mal con ese argumento –

Los gobiernos tienen leyes contra el asesinato en primer grado, el asesinato en segundo grado y el homicidio involuntario. En los tres casos, una persona muere. Pero la pena es menor para el homicidio que para el asesinato en primer grado. Eso no significa que la persona muerta por homicidio tenga menos valor que la persona muerta por asesinato en primer grado. La ley considera la intención de la persona culpable, no el valor de la persona asesinada. Este principio proviene de la Biblia.

Éxodo 21:12-14; Deuteronomio 19:4-7

Así que, aunque fuera cierto que el bebé muriera y la pena fuera una multa, no significaría que la vida del bebé fuera menos valiosa que la de un adulto. No obstante, este pasaje no dice que se paga una multa si el feto muere.

Dios da a las personas libre albedrío. Las personas pueden escribir cualquier cosa y luego llamar a eso una versión de la Biblia. No asumas que algo es correcto solo porque es llamado la Biblia.

Una versión de la Biblia dice una cosa y otra dice lo contrario. No somos eruditos hebreos, entonces, ¿qué hacemos? Lo que hacemos es obtener la verdad directamente de Dios. ¿Cómo lo hacemos? Estudiando la Biblia. Jesús dijo –pidan, busquen, toquen y encontrarán– Lucas 11:9-10. Muestra a Dios que eres serio/a, que estás dispuesto/a a hacer tu parte, hacer el trabajo y hacer el esfuerzo. Si lo haces, Dios te recompensará.

Te dije algo en mi libro – "Los Testigos de Jehová odian a Jehová". Y te lo repito. Encuentra el contexto. Aquí está el contexto para interpretar correctamente Éxodo 21:22. Desde el Génesis hasta los Salmos, pasando por Mateo y Lucas, Dios nos dijo que un feto es una persona. Dios no va a dar la vuelta y decirnos en Éxodo 21:22-25 que un feto tiene poco valor y que Él está de acuerdo con el aborto.

Nuestro Guía nos enseñó que un feto es una persona desde la concepción, con el mismo derecho a vivir, 100% tan valioso como cualquiera que haya nacido. Dios lo dijo. Esa es la verdad. Por lo tanto, el argumento de los Sanguinarios es una mentira. Ahora ya lo sabes. Dios no dijo que el aborto está bien. Pero necesitas saber más. Ahora voy a mostrarte cómo estudiar la Biblia. Aquí está Éxodo 21:22 en la versión King James (del Rey Jacobo)–

Si unos hombres riñen y uno hiere a una mujer con niño, de manera que su fruto se aparte de ella, y sin embargo, no le siga ninguna desgracia, será castigado según lo que el marido de la mujer le imponga, y pagará como los jueces determinen.   Éxodo 21:22 (KJV)

La Biblia a veces llama a los hijos fruto.

¿Qué hice cuando llegué a este pasaje de Éxodo 21:22-25?

En primer lugar, leí interpretaciones, comentarios y artículos escritos tanto por los Sanguinarios como por los Oradores. Jesús utilizó ese método. Jesús enseñó a las personas mostrándoles las diferencias entre las falsas enseñanzas de los fariseos y las enseñanzas de Dios.

Puedes ver eso en el Sermón de la Montaña en Mateo 5:1 a 7:29, y en otras enseñanzas de Jesús a lo largo de los cuatro Evangelios.

Mateo 21:33-46; 23:1-39; Lucas 16:19-31

Al leer esos comentarios y artículos me hice una idea de los argumentos de ambas partes. Y obtuve ideas sobre otros pasajes de la Biblia que me ayudarían a entender éste.

Luego busqué todas las palabras del versículo 22 en el original hebreo. ¿Cuál es la palabra original en hebreo para niño, y −su fruto se aparte− y daño? Sí −tú. Tú debes hacer eso. No dejes que nadie te diga que no puedes. Si eres cristiano entonces el Espíritu Santo te guiará.

Este pasaje está en el Antiguo Testamento, lo que significa que fue escrito originalmente en hebreo. Yo uso la versión King James (del Rey Jacobo) porque es la versión usada por la mayoría de los libros que están disponibles para estudiar los significados de las palabras en los idiomas originales. Esto es lo que se hace.

La primera parte −si unos hombres riñen, significa si los hombres se pelean violentamente, golpeándose. Entonces hieren a una mujer embarazada. Puedes buscar la palabra herir en la Concordancia de Strong. Luego bajas por la lista y encuentras el versículo, Éxodo 21:22. Entonces hay un número para herir, N°5062.

Ahora vas al diccionario hebreo en la parte de atrás de la Concordancia de Strong y ves lo que la palabra significaba en el hebreo original. Luego puedes tomar ese mismo número, 5062, y estudiar su significado hebreo en La Brown-Driver-Briggs Léxico Hebreo y en Inglés. Y ese número también se usa en el Diccionario Completo de Estudio de Palabras del Antiguo Testamento, Warren Baker, D.R.E., Eugene Carpenter, Ph.D.

En este pasaje la palabra significa golpear. Los hombres que estaban peleando accidentalmente chocaron o accidentalmente golpearon a una mujer con niño. ¿Qué es una mujer con niño?

Ya sabes lo que es una mujer. ¿Pero qué quiere decir este versículo con niño? El número para niño es 2030. Significa que la mujer en Éxodo 21:22 ha concebido un niño en su vientre. Quiero investigar en la Biblia para entender mejor lo que se quiere decir aquí con niño.

Así que tomo otro libro de la estantería. Se llama The Englishman's Hebrew Concordance of the Old Testament, George V. Wigram. Este libro también utiliza los números de la Concordancia de Strong. Busco la palabra para niño, N° 2030, en el versículo que estamos estudiando, Éxodo 21:22.

Este libro me muestra todos los lugares donde se utiliza esa palabra hebrea en el Antiguo Testamento. He contado quince. Uno de los lugares donde aparece la palabra es Isaías 7:14, que predice que María, la virgen, concebirá un niño en su vientre. Mateo 1:23 nos dice que el Niño es Jesús. El primer lugar donde se utiliza la palabra es en Génesis 16:11, cuando el Ángel del Señor le dijo a Agar que estaba embarazada. Ese niño nació y se llamó Ismael.

Puedes bajar por la lista y ver los quince. Es obvio lo que la palabra significa. Significa un niño.

Génesis 16:11; 38:24,25; Éxodo 21:22;
Jueces 13:5,7; 1 Samuel 4:19; 2 Samuel 11:5;
2 Reyes 8:12; 15:16; Isaías 7:14; 26:17; Jeremías 20:17: 31:8; Amós 1:13

Lo siguiente que leemos en Éxodo 21:22 es que los hombres que peleaban golpearon a la mujer embarazada con tanta fuerza que hicieron que su fruto se apartara de ella. La palabra fruto es N° 3206, y significa un hijo. La Biblia llama a un niño el fruto del vientre. Un vientre produce un niño, así como un árbol frutal produce fruta. El fruto significa resultados.

En nuestro verso, la palabra apartarse, N° 3318, significa salir. Esta es la palabra que los Sanguinarios afirman que significa que el bebé murió. Pero la palabra se usa en Génesis 25:26 cuando Jacob salió del vientre de su madre Rebeca cuando nació –vivo. Y la N° 3318, salieron, se usa en Génesis 38:28-30 para decir que Fares y Zara nacieron –vivos.

Cuando una mujer aborta, el bebé muere. La Biblia tiene una palabra para referirse al aborto. En Éxodo 23:26 Dios dijo a los hijos de Israel que, si le obedecían, ninguna de sus mujeres expulsaría a sus crías (KJV). La expresión expulsar a sus crías es la N° 7921. Significa abortar (Oseas 9:14). Si Dios hubiera estado hablando de aborto en Éxodo 21:22, como afirman los sanguinarios, entonces habría utilizado la palabra N° 7921, que significa aborto. No lo hizo. Usó una palabra que simplemente significa "salir".

Hay otra palabra que se usa para un bebé que nace muerto. Es la N° 5309. Se usa en Job 3:16; Salmo 58:8, y Eclesiastés 6:3. Dios tampoco usó esa palabra en el pasaje que estamos estudiando, Éxodo 21:22. Dios usó la N° 3318, la palabra que se usa para un bebé que nace vivo.

Así que, Éxodo 21:22 está hablando de un niño que salió prematuramente del vientre porque su madre fue golpeada. No se trata de un aborto espontáneo. Los hombres golpean a la mujer y el niño sale de su vientre. Y luego leemos –y sin embargo, no le siga ninguna desgracia. ¿Qué es una desgracia? Significa daño o perjuicio, N° 611. Así que el bebé sale, pero no es dañado, el bebé sobrevive porque no hay desgracia. En ese caso los hombres que estaban peleando tienen que pagar una multa para compensar a la mujer y a su esposo por causar que el bebé salga prematuramente.

En los siguientes versículos, Éxodo 21:23-25, se nos dice lo que les sucede a los hombres que golpearon a la mujer si se produce la desgracia. Deben dar vida por vida, u ojo por ojo, o diente por diente, etc. Si golpear a la mujer causó que el bebé que salió muriera, entonces los hombres también deben morir. Son culpables de asesinato. Si el bebé perdió un ojo entonces ellos deben perder un ojo.

Entonces, ¿qué dice Éxodo 21:22-25 que debe suceder si los hombres tienen una pelea a puñetazos y golpean a una mujer embarazada?

• Si el niño sale, nace prematuramente, y el niño vive, y no hay ningún daño grave para el niño –y la madre vive y no hay ningún daño grave para la madre –entonces los hombres que chocaron con la mujer deben pagar una multa a la familia de la mujer.

• Pero si el niño o la madre mueren, los hombres que los chocaron deben pagar con su vida. Y si el niño o la madre pierden un ojo o un diente, etc., entonces los hombres que los chocaron deben perder un ojo o un diente, etc.

Dios pidió la ejecución de los hombres que causaron la muerte de un bebé en el vientre materno por su descuidada conducta. ¿Cómo crees que se siente Dios ante la matanza de niños que ocurre en el mundo actual?

Números 5:11-31

Los Sanguinarios afirman que en Números 5:11-31, una mujer embarazada, su marido y un sacerdote se reunieron y decidieron que la mujer debía abortar. Por lo tanto, dicen, esto significa que Dios está de acuerdo con que una mujer embarazada, su marido y su médico se reúnan para decidir que la mujer debe abortar. Eso es una mentira. Te lo pondré fácil –

En Números 5:11-31, Dios le dijo a la nación de Israel qué hacer si un hombre estaba celoso porque su esposa tenía relaciones sexuales con otro hombre.

El caso de los Sanguinarios se apoya en el castigo infligido a la esposa si es encontrada culpable. Esto se encuentra en el verso 21 y se repite en el verso 22. La versión King James (del Rey Jacobo) dice que su muslo se pudrirá y su vientre se hinchará. Los Sanguinarios prefieren las versiones de la Biblia que dicen que ella abortará. Entonces dicen, ves, eso es un aborto. Y luego afirman que eso significa que Dios permite el aborto.

No. En los primeros versículos del pasaje, Números 5:11-12, Dios habló a Moisés y le dijo que explicara este ritual a las personas. En el versículo 16 se nos dice que el sacerdote debe presentar a la mujer ante el Señor. Así pues, Dios mismo va a ser el Testigo, el Juez y el que ejecuta el castigo. Dios decide lo que le ocurre a la mujer, no la mujer, su marido o el sacerdote.

Incluso si la mujer estaba embarazada y su bebé murió –fue Dios quien mató al bebé. Eso significa que no hay argumentos para el aborto a partir de este ritual.

Dios dijo que TÚ no asesinarás a una persona. No es asesinato cuando Dios mata a alguien. Dios puede matar a un niño –tú no puedes. Cuando abortas niños estás jugando a ser Dios. Cuando abortas un bebé estás cometiendo un asesinato –uno muy malvado.

¿Qué ocurrió cuando el rey David sedujo a la mujer de un hombre y ésta quedó embarazada? Dios mató al niño recién nacido. Los Sanguinarios podrían decir que eso significa que Dios está de acuerdo con que maten a los niños recién nacidos.

Ver 2 Samuel 12:13-19

Capítulo Ocho

Las consecuencias

"Santo, santo, santo, Señor Dios Todopoderoso"
Apocalipsis 4:8 (KJV)

¿Qué piensa Dios sobre el aborto?

¿Qué opina Dios de que se tire a los niños a la basura con los restos del café? ¿Qué piensas tú?

En el Antiguo Testamento, Dios advirtió una y otra vez que no había que matar a las personas inocentes. Y Dios explicaba con todo lujo de detalles los terribles castigos que esperaban a los que mataban a los inocentes. Los niños son inocentes. No han hecho nada para merecer la muerte.

> Aborrezco a las personas que derraman sangre inocente. Me repugnan.
> Dios, Proverbios 6:16-17

Los Sanguinarios son como las personas que querían a Jesús muerto a pesar de que era inocente. El líder romano Poncio Pilato era alguien que mataba fácilmente. Pero le dijo a las personas que había interrogado a Jesús y no había podido encontrar ninguna razón para matarlo.

> Mateo 27:11-26; Lucas 13:1

A las personas no les importó. Gritaron –¡crucifícalo de todos modos! Así que Pilato accedió a crucificar a Jesús. Pero primero, Pilato hizo un acto simbólico – y quería que las personas lo vieran. Delante de todos se lavó las manos con agua. Luego les dijo: "No voy a cargar con la culpa de la sangre de este hombre respetuoso de la ley. Asumidla vosotros.

> No pueden esperar a derramar sangre inocente.
> Isaías 59:7

Y las personas respondieron –que Su sangre sea sobre nosotros. La sangre de Jesús de la que Pilato dijo que no tomaría la culpa es la muerte de Jesús. Cuando las personas dijeron que Su sangre sea sobre nosotros, la palabra sangre significa la culpa por la muerte de Jesús.

La sangre de los niños abortados está en los Sanguinarios.

> Te consideraré culpable si matas a un inocente.
> Dios, Éxodo 23:7

> He pecado porque he entregado
> sangre inocente a una sentencia de muerte.
> Judas Iscariote, Mateo 27:4

Dios dio a los gobiernos la autoridad para matar a las personas. El asesinato es tan grave que Dios declaró que una persona que comete un asesinato debe ser asesinada por el gobierno. Pero los gobiernos nunca deben matar a las personas inocentes.

Génesis 9:5-6

Dios reserva un castigo especial para una nación que asesina a sus hijos –

> Haré que les ocurran cosas malas a los que
> toman dinero para matar a las personas inocentes.
> Dios, Deuteronomio 27:25

Luego Dios siguió con eso en Deuteronomio 28:53-57, dando un recuento detallado de las cosas malas que le sucederán a una nación que se dedique a matar niños inocentes –

> Cada ciudad y pueblo será sitiado por tus enemigos
> – un asedio tan malo que recurrirás a la violencia para sobrevivir.
> Comerás la carne de tus hijos e hijas
> que el Señor tu Dios te ha dado.
>
> Un hombre bien educado y de corazón blando
> se volverá de sangre fría hacia su hermano
> y hacia su amada esposa y hacia los hijos
> que no ha comido,
>
> de modo que no compartirá con ninguno de ellos
> la carne de sus hijos que sí come
> – porque no tiene otra cosa que comer.
>
> La mujer refinada y elegante
> – una mujer tan consentida y delicada que no pondría
> ni siquiera la planta de su pie en el suelo

– será brutal con su querido marido
y con sus hijos e hijas.

Se los comerá por su carencia de todas las cosas.
Se esconderá en algún lugar y se los comerá
a causa de la angustia durante el sitio
que sus enemigos le impondrán en todas sus ciudades.
                    Dios, Deuteronomio 28:53-57

Y muchos años después sucedió lo que Dios dijo que sucedería. Un día, una mujer clamó al rey de Israel, Joram, pidiéndole que la ayudara. El rey le preguntó qué le pasaba. Y ella le dijo que su amiga le había dicho: si tú das a tu hijo hoy para que nos lo comamos, yo daré a mi hijo para que nos lo comamos mañana.

La mujer le dijo al rey que había hecho lo que su amiga le había dicho. Hirvieron a su hijo y se lo comieron. Pero al día siguiente, cuando le dijo a su amiga –danos tu hijo ahora para que podamos comerlo– su amiga había escondido a su hijo.
Puedes leer esto en 2 Reyes 6:26-30.

Podrías decir que eso era solo para Israel, o que eso es el Antiguo Testamento. No, estás equivocada. El principio se aplica a todas las naciones. ¿Crees que Dios sólo le dijo a Israel que no matara a los niños pero que está bien que lo hagan otras naciones? No. Nunca.

Dios le dijo a Israel lo que dejaría que les sucediera si rechazaban sus leyes. Y Dios trata de la misma manera con las personas que no tienen a Moisés ni tienen la Biblia, pero que rechazan Sus leyes y hacen estas cosas. Te diré en un segundo lo que son estas cosas –

No te contamines en ninguna de estas cosas.
Estoy echando a las naciones que hacen estas cosas.
Las estoy sacando de tu vista
porque se contaminaron haciendo todas estas cosas.

Por culpa de ellos la tierra misma se contaminó.
Y le dije a la tierra que era culpable y que hiciera algo al respecto.
Entonces la tierra vomitó a sus habitantes.

Debes guardar Mis reglas y regulaciones
y velar por Mi Ley Divina.
Y no debes hacer ninguna de estas cosas repugnantes
para que la tierra no te vomite a ti también.
Levítico 18:24-28

Sí, la tierra también sufre a causa de nuestros pecados. Ver Génesis 3:17 y Romanos 8:19-22. Entonces, ¿cuáles son estas cosas, estas cosas repugnantes? Están enumeradas en Levítico 18:6-23. La que estamos tratando ahora es -

No entregarás tus hijos a Moloc.
Levítico 18:21

Las naciones que Dios castigó fueron las naciones cananeas. No eran Israel. La tierra de la que Dios hablaba es Canaán, también conocida como la Tierra Prometida. Moloc era un ídolo, un dios falso que los cananeos adoraban. Israel copió a los cananeos y quemó a sus hijos hasta la muerte como sacrificios a Moloc –

Mataron a sus hijos e hijas como sacrificios a los demonios.
Derramaron sangre inocente –la sangre de sus hijos e hijas
cuando los sacrificaron a los ídolos de Canaán
y la tierra fue contaminada con sangre.
Salmo 106:37-38

Antes de que los hijos de Israel entraran en Canaán, la Tierra Prometida, Dios les dio otra advertencia –

Cuando entren en la tierra que el Señor Dios les ha dado
entonces deben obedecerme siempre.
No pregunten por los dioses de las personas que estuvieron allí antes
que ustedes.
No empiecen a pensar que deben hacer
lo que ellos hicieron para servir a sus dioses.
Nunca deben hacer por Mí lo que ellos hicieron por sus dioses.
Porque cada cosa repugnante que odio
es lo que ellos hicieron por sus dioses.
Incluso quemaron a sus hijos e hijas
en el fuego para servir a sus dioses.   –Dios, Deuteronomio 12:1,30-31

Quería mostrarte que cuando Dios dijo que entregaron sus hijos a
Moloc en Levítico 18:21, lo que quiso decir es que quemaron a sus hijos
e hijas hasta la muerte como sacrificios en adoración de ídolos, al falso
dios Moloc. Dije adoración de ídolos, y tal vez quieras decirme...

"El aborto no es adoración de ídolos, Bruce –no estamos sacrificando
para Moloc".

No. Estás equivocada. El aborto es la adoración de un ídolo. Liberarse
de ese niño es tu ídolo. Obedeces a ese ídolo en lugar de obedecer a
Dios. La Biblia dice que la avaricia es adoración de ídolos.
Efesios 5:5; Colosenses 3:5;
Ver 1 Samuel 15:23; Ezequiel 14:1-7; 1 Juan 2:15; 5:21

¿Tuviste un aborto porque gastar dinero en el niño hubiera significado
tener menos dinero para tu adicción a las drogas? ¿Abortaste porque
un hijo interferiría con tu educación o tu carrera? ¿O abortaste porque
no querías cargar con un bebé?　　　　Mateo 6:24; Romanos 1:25

Adivina qué. Esas cosas son tus ídolos. Te preocupaste más por ellas
que por obedecer a Dios. Dios dijo que no asesinaras a una persona.
Las personas están sacrificando a sus hijos para el ídolo del aborto.

La tierra está contaminada con sangre. Dios ha estado trayendo el
castigo gradualmente. Cuando Dios finalmente vierte su juicio sobre
una nación rebelde, es severo. Habrá llanto. Mucho llanto, lamento y
rechinar de dientes. Mucho dolor y miseria, horror. Entonces algunas
personas finalmente orarán a Dios sinceramente, y le pedirán que los
mate.
Apocalipsis 6:15-17

Tan seguro como que vivo, dice el Señor, esto es lo que haré.
A ti te gusta derramar sangre. Así que haré un poco de sangre para ti.
Pero la sangre que haga te perseguirá.
Dios, Ezequiel 35:6

Capítulo Nueve

Hechos simples de la Biblia

"No detengan a los niños. Dejen que corran a mí.
Las personas del Cielo son como ellos".
Jesús, Mateo 19:14

¿Es un feto una persona?

• Rebeca, la mujer de Isaac, estaba embarazada de dos hijos gemelos llamados Jacob y Esaú. Estaban en su vientre teniendo un combate de boxeo. La palabra inglesa *child* o son en el Antiguo Testamento se traduce con mayor frecuencia de la palabra hebrea ben.

Génesis 25.22

Jacob y Esaú nacieron y crecieron hasta convertirse en jóvenes. Un día, Rebeca tomó la ropa de su hijo mayor Esaú y se la puso a Jacob, su hijo menor. La palabra hijo en este versículo es la palabra hebrea ben. Los dos jóvenes ya crecidos se llaman ben. Y adivinen cómo se llamaban cuando estaban en el vientre materno. Fueron llamados ben. Dios no usó una palabra diferente para ellos cuando estaban en el vientre.

Génesis 27:15

Dios puso a Jacob y a Esaú en el vientre de Rebeca. Y Él sabía lo que harían con sus vidas. Dios conocía a esos muchachos. Jacob y Esaú se daban golpes en el vientre. Claramente, eran seres humanos vivos con sentimientos. Eran personas.

Génesis 25:21-23

• Vemos lo mismo en el Nuevo Testamento. En Lucas 1:44, Juan el Bautista saltaba de alegría. La razón por la que Juan estaba tan feliz es que su Salvador, Jesucristo, acababa de entrar en la habitación.

Hay algo más que debo decirte. Juan y Jesús estaban ambos en el vientre de sus madres al mismo tiempo.

Cuando Juan estaba saltando de alegría en el vientre de su madre Isabel, Lucas, el médico amado, llamó a Juan niño. La palabra griega que Lucas utilizó para niño es brephos. Más tarde, en Lucas 2:12, después de que Jesús había nacido y estaba siendo sostenido en los brazos de su madre María, Lucas llamó a Jesús niño, y la misma palabra griega, brephos. Colosenses 4:14

Dios usó la palabra brephos en estos versos también –

•Trajeron niños (brephos) a Jesús para que los bendijera.

Lucas 18:15

• En Hechos 7:19, Esteban cuenta cómo los egipcios mataban a los niños pequeños de los israelitas (brephos). Eso ocurrió en Éxodo 1:22, cuando el Faraón, gobernante de Egipto, ordenó que se matara a todos los hijos nacidos de los israelitas arrojándolos al río.

• Pablo escribió esto a Timoteo –

> Desde que eras un niño (brephos)
> has entendido la Santa Biblia.
> Hay poder en la Biblia
> – poder para hacerte sabio sobre la salvación
> mediante la fe –la fe en Jesucristo.
> 2 Timoteo 3:15

• El apóstol Pedro escribió esto --

> Como niños recién nacidos (brephos), deseen fervientemente
> la leche pura que se encuentra en la Biblia
> para que con esa leche crezcan en su salvación.
> 1 Pedro 2:2

Una vez que somos salvos necesitamos crecer en nuestra salvación.

Dios dice niño. Él no hace ninguna distinción. Para Dios no hay diferencia. Un niño en el vientre materno es una persona; tan persona como un niño que ha nacido. Dios dice brephos. Dios usa la misma palabra, brephos, para un niño en el vientre y para los niños que han nacido.

Los sentimientos de ira de Dios se vuelven tan fuertes
que estallan desde el Cielo
contra todos aquellos que no lo respetan,
contra los que conocen la verdad, pero no la comparten.
La venganza de Dios cae sobre ellos porque
aman hacer lo que Él odia
–y tienen como misión ocultar la verdad a las personas.

¿Por qué está Dios tan enojado con ellos?
Porque no tienen excusa. ¿Por qué no?
Porque hay ciertas cosas sobre Dios,
ciertas verdades que Él quiere que todos sepan
–que Él espera que todos sepan.

Dios no ha ocultado estas verdades a nadie.
Están a la vista –brillan.
No puedes perdértelas.
Y Dios ha puesto en cada persona
una habilidad incorporada para ver esas verdades.

Dios está en el Cielo –las personas no pueden verlo.
Pero las personas pueden ver a Dios. ¿Cómo?
¡Mirando a su alrededor!
No puedes ver a Dios en el Cielo,
pero puedes ver a Dios ante tus ojos
observando este mundo que Él creó.
Entonces puedes entender que Dios es Dios
y que Él tiene la capacidad de hacer cualquier cosa
–Siempre lo ha hecho y siempre lo hará.

Por lo tanto, todo el mundo sabe que Dios está ahí.
Pero muchas personas se niegan a honrar a Dios como Dios
–las personas que no quieren pensar en Dios
no lo aprecian, y no le agradecen.
Dejan que sus mentes vayan en direcciones inútiles
– y eso les hace pensar que son inteligentes.
Pero son tontos –no hay verdad en sus corazones.

Romanos 1:18-22

Así es como te he recompensado por rechazar mis leyes.
He colocado a ciertas personas en tu gobierno.
¿Qué clase de personas?
Déjame ponerlo de esta manera - aquellos que nacieron
ayer me conocen mejor que ellos.
Te he dado líderes que tienen el
discernimiento espiritual de los niños.
Por eso te imponen leyes crueles.

Dios, Isaías 3:4

Las personas son miserables cuando su rey es un niño.

Eclesiastés 10:16

La vida comienza en la concepción –

Tus manos me esculpieron. Me diste forma como la arcilla.
Completaste la construcción de mi cuerpo.
Cuando hiciste mi cuerpo fue como cuando alguien vierte leche
en un recipiente y luego, poco a poco, la leche se convierte en
queso.

Me vestiste con piel y carne.
Me diste huesos y tendones para protegerme.
Me diste la vida. Y me diste amor.
Tu intervención divina resguardó mi aliento.

Job 10:8-12

Esa es la descripción poética de Job de lo que Dios hizo por él cuando
estaba en el vientre de su madre. Fíjate en algunas cosas. Dios le dio
vida a Job en el vientre materno. Dios amó a Job cuando éste estaba en
el vientre materno. Y Dios intervino para guardar el aliento de Job. La
palabra aliento es la palabra hebrea ruach. Es la misma palabra que se
usa para el Espíritu de Dios. Este pasaje muestra lo que Dios siente por
un niño en el vientre.

No tenemos derecho a destruir lo que tanto le importa a Dios.

Esto es lo que dijo el rey David -

Eres Tú, Señor, quien posee hasta lo más íntimo de mi ser.
Fuiste Tú quien me tejió en el vientre de mi madre.
Gracias. Estoy asombrado de Ti.

Me asombra lo milagrosa que es Tu obra.
Mi mismísima alma sabe que es absolutamente cierto.
Podías ver mis huesos incluso cuando estaba escondido
y en construcción.

Me viste cuando
me entretejiste expertamente en el vientre de mi madre.
Tus ojos me vieron cuando estaba enrollado en una bola
antes de que me desplegaras.

E incluso entonces –antes de que viviera un día fuera del vientre
materno, Tú ya habías escrito en tu libro
lo que habías planeado para mi vida.

No hay nada más valioso para mí que los planes
que Tú tienes para mí, porque Tú eres Dios.

Salmo 139:13-17

Esto es lo que Dios le dijo a Jeremías –

Ya te elegí antes de formarte en el vientre.
Te aparté antes de que salieras del vientre,
y te ordené que fueras profeta de las naciones.

Dios, Jeremías 1:5

¿Ves ahora por qué es una tontería decir que el aborto está bien porque
no se puede determinar con seguridad cuándo empieza la vida? La
vida comienza en la concepción. Pero incluso si afirmas que no lo
sabes, por favor, mira ese versículo. Dios eligió a Jeremías antes de que
estuviera en el vientre de su madre. Dios separó a Jeremías para ser un
profeta antes de que Jeremías naciera.

Si se le hubiera practicado un aborto a la madre de Jeremías, se habría
asesinado a alguien que Dios conocía, a alguien que Dios eligió y tenía
planes para él. Dios conocía a Jeremías antes de que Jeremías fuera
concebido en el vientre de su madre.

¿Qué pasó desde el momento en que Jeremías fue concebido y el
momento en que nació? ¿Estaba muerto? No. Era una persona antes de
nacer, y durante los nueve meses que pasó en el vientre materno. Y
sigue siendo una persona ahora, mucho después de la muerte de su
cuerpo físico. Jeremías era Jeremías, una persona, todo el tiempo que
estuvo en el vientre de su madre.

Mateo 22:32-33

Jeremías nunca dejó de ser una persona.

Tu cuerpo de carne se convertirá en polvo otra vez.
Y tu alma que Dios puso en tu cuerpo de carne volverá a Dios.

Eclesiastés 12:7

Los Sanguinarios dicen que un niño en el vientre materno puede ser abortado porque no es una persona. Dicen que estamos como muertos durante los nueve meses que estamos en el vientre de nuestras madres. Eso no es cierto. La Biblia dice que ni siquiera estás muerto después de morir. Viniste de Dios y vuelves a Dios. Nunca estás muerto. La única manera en que puedes dejar de estar vivo es si Dios mata tu alma en el lago de fuego.

Mateo 10:28; Apocalipsis 21:8

- Había una mujer en Israel que no había podido concebir. No se nos dice su nombre, pero un día el Ángel del Señor se le apareció para decirle que ahora concebiría y tendría un hijo.

El Ángel le dijo que mientras estuviera embarazada no debía beber vino ni bebidas fuertes. La razón que le dio el Ángel es que nunca se le pondrá una navaja en la cabeza a su hijo. Ese niño tenía algo especial. Era Sansón, uno de los salvadores que Dios levantó en Israel para librarlos de sus enemigos.

Jueces 13:3-5

Había un voto al que un hombre o una mujer de Israel podía optar por someterse. Era un voto de separarse para servir a Dios. Se llama el voto del Nazareo. Dios puso a Sansón bajo el voto del Nazareo antes de que Sansón fuera concebido en el vientre de su madre.

Mientras una persona estaba bajo el voto del Nazareo había tres cosas que no podía hacer. No podían comer o beber nada que viniera de una vid, incluyendo uvas, pasas o cualquier tipo de bebida, incluyendo bebidas alcohólicas. No podían cortarse o afeitarse el pelo de la cabeza. Y no podían acercarse a un cadáver.

Números 6:1-8

Nota que el Ángel le dijo a la mamá de Sansón que no debía tomar bebidas hechas de uvas mientras estuviera embarazada. Esto no era por razones de salud. Era porque el niño en su vientre estaba bajo el voto del Nazareo –incluso en el vientre. Esto demuestra que el niño en su vientre era una persona.

• Dios mismo decidió venir a la tierra y vivir una vida como un ser humano. Se llamó Jesús y su madre se llamaba María. Un ángel vino a José, el esposo de María, y le dijo que el Niño en el vientre de María había sido concebido por el Espíritu Santo.   Mateo 1:20

El Espíritu Santo de Dios no puso una cosa muerta en el vientre de María. Una cosa muerta no se convierte en una cosa viva. Jesús no estaba muerto cuando estaba en el vientre de María. Estaba vivo.

Piensa en ello. El Espíritu Santo de Dios concibió a Jesús en el vientre de María. Todo en eso dice vida. El Espíritu Santo de Dios da la vida.

¿No puedes determinar cuándo comienza la vida? ¿Y qué hay de Jesús? Cuando estuvo en el vientre de María durante nueve meses, ¿estaba vivo o muerto? ¿Fue una persona durante los nueve meses que estuvo en el vientre de María? ¿Estarían ustedes sanguinarios a favor o en contra de abortar a Jesús en el vientre de María?

Déjenme decirles. Jesús fue una persona cuando estuvo en el vientre materno. Jesús fue concebido de manera diferente a nosotros, pero todos fuimos personas cuando estuvimos en el vientre materno al igual que Jesús. El aborto asesina a una persona.

• Antes de que Ismael, Isaac, Juan el Bautista y Jesús nacieran, Dios ya había elegido nombres para ellos. Dios le dijo a uno de sus padres qué nombre ponerles. ¿Acaso fueron nadie desde la concepción hasta el nacimiento? No. Siempre fueron personas.

Génesis 16:11; 17:19;
Mateo 1:21; Lucas 1:13,31

Dios conoce a los niños en el vientre materno. Los ama. Él teje cuidadosamente sus cuerpos. Dios nunca piensa en ellos como cosas. Son sus hijos. Nada puede convertir a un hijo de Dios en un pedazo de basura.

Capítulo Diez

No dejes que nadie te engañe

Consulta nuestra Guía

> Cuidado, no dejes que nadie te engañe.
> Jesús, Mateo 24:4

Tenemos que recordar cómo engañan los Sanguinarios. Así que te mostraré de nuevo cómo nuestro Guía expone sus argumentos mentirosos. Es una cuestión de vida o muerte. Más niños serán asesinados mañana.

Mantén tu religión fuera de mi útero

Entonces, ¿estás a favor del asesinato, la violación y el robo porque las personas religiosas se oponen a ellos? El asesinato es ilegal en los países ateos. ¿Dirás entonces 'mantén tu ateísmo fuera de mi útero'? Y no creas que eres inocente si eres atea. Dios dijo que incluso los que nunca ven una Biblia serán responsables.

No necesitas la religión para saber que está mal meter la mano en el útero de una mujer y matar al bebé que vive allí. No es una cuestión de religión. La verdad puede ser vista por todos a través de la conciencia que Dios nos dio y observando la naturaleza.   Romanos 1:18-22; 2:11-16.

¿Te opones al aborto? No te hagas uno

Entonces, ¿no tengo que matar niños? Oh, gracias. ¿Debo ocuparme de mis asuntos y dejar que sigas matando niños? No. No puedo hacer eso.

Abortos en callejones

Piden que el aborto sea seguro y legal. Porque si no, las mujeres sufrirán lesiones y muertes en los abortos clandestinos.

Nuestra Guía nos dice lo que realmente están pidiendo: haz que el asesinato de niños sea seguro y legal, para que así las mujeres no sufran lesiones y muertes en los abortos de callejón.

Entonces las mujeres no sufrirán lesiones y muerte asesinando niños en un callejón.

Angustia emocional

Permiten que una madre mate a su hijo si puede convencer a un médico de que tenerlo podría causarle angustia emocional. ¿Por qué no dejan que el niño nazca para poder matar a su madre? ¿Qué pasa con la angustia emocional de ser criado por una madre que te quería muerto?

Obedecer al gobierno

La Biblia dice que los cristianos deben obedecer las leyes de su gobierno. Si el aborto es legal, ¿por qué los cristianos no obedecen esa ley? Los cristianos no pueden obedecer esa ley porque va en contra de una ley más alta, la ley de Dios – proteger a los niños de ser asesinados.

El gobierno no puede legislar la moral

Legislar significa hacer una ley. Hay que legislar la moral.
¿No estás de acuerdo? No, no lo estás. Quieres que el gobierno legisle la moralidad de los hombres que piensan que la violación es correcta.

Todas las leyes implican moralidad. La moral son las reglas de lo que está bien y lo que está mal. Si el gobierno no legislara la moral, perderíamos todas nuestras libertades. Por eso las personas necesitan un buen gobierno. La verdadera cuestión es si el aborto está bien o mal.

Nadie es libre de hacer lo que cree que es correcto. Vivimos en un mundo de leyes. La ley te quita la libertad de sentarte desnudo en el parque para proteger la libertad de otras personas de llevar a sus hijos al parque. Eso es legislar la moral. El gobierno debe quitarte la libertad de abortar para proteger la libertad del niño que llevas en tu vientre.

Ustedes, Sanguinarios, están legislando su moral sobre el niño en el vientre materno. Le están diciendo al niño –nuestra moral dice que está bien matarte y está mal dejarte vivir. La moral de los Sanguinarios resulta en la muerte de un niño. Por eso el gobierno debe detener el aborto.

El gobierno te impone su moral cuando tu moral asesina a personas. El gobierno no puede dejarte abortar por el derecho que tiene el niño en tu vientre a vivir, para que ese niño también pueda disfrutar del parque. Los niños en el vientre materno no pueden hablar. Nos corresponde a nosotros hablar por ellos.

Decisión personal e íntima

Un hombre es condenado por asesinato. Le dice al juez que fue una decisión personal e íntima entre él y sus cómplices. El juez no dice –oh, en ese caso eres libre de ir. Dios, el juez, no excusa el asesinato de un niño porque fue personal e íntimo.

El bebé no es deseado

Nunca es correcto asesinar a alguien para salvar a otro. Me refiero al asesinato. Hay veces, como en la guerra o en defensa propia, en que hay que quitar una vida para salvar vidas. Eso no es asesinato. Pero si tu amigo necesita un riñón y matas a alguien y le quitas el riñón para salvar la vida de tu amigo, eso es un asesinato. Y eso es lo que son la mayoría de los abortos –el asesinato de una persona para salvar a otra, para salvarla de la carga de tener un bebé no deseado.

Opresión de las mujeres

Los sanguinarios te hablan de lugares en el mundo donde se obliga a las mujeres a dar a luz. Oír esto te revuelve la ira en el pecho y te conviertes en un partidario del aborto. Pero te guiaste por tu corazón y no por tu cabeza. Te han manipulado jugando con tus sentimientos.

Te engañaron dejando de lado algo: los millones de mujeres que están siendo oprimidas hasta la muerte por esos abortos que ahora apoyas. Lo que realmente están diciendo es que estás oprimiendo a las mujeres si no dejas que las mujeres asesinen a las mujeres.

Las mujeres argumentarán que hubo un tiempo en que los anticonceptivos estaban menos disponibles. Y a muchas mujeres la iglesia les dijo que no podían usar anticonceptivos. Así que las mujeres no tenían otra opción que tener un bebé tras otro, año tras año.

Ahora las mujeres dicen que quieren sus derechos –aborto a petición por cualquier razón, sin disculpas. Ese deseo proviene de la vieja naturaleza pecaminosa que cada uno de nosotros tiene. Para poder tomar la decisión correcta una mujer necesita que su corazón y su mente sean cambiados por Jesús, la Biblia y el Espíritu Santo de Dios.

Adán y Eva invitaron al pecado, la miseria y la muerte en el mundo. Una de las consecuencias de eso es el dolor y el sufrimiento en el parto. Nosotros lo provocamos. Nuestro pecado causó un desorden en las cosas. Dios le dijo esto a Eva después de que ella lo desobedeció –

> Aumentaré en gran medida el sufrimiento de tener un hijo.
> Dar a luz será una dura labor.
> Dios, Génesis 3:16

La Biblia utiliza el término <u>trabajo</u> de parto para referirse a dar a luz. Los trabajos son dolorosos y difíciles. <u>Pero no todo es malo</u>. Jesús usó el término "trabajo de parto" cuando se reunió con sus apóstoles la noche antes de ser crucificado.

Jesús les dijo que dentro de poco no lo verían más. Pero que después de un corto tiempo lo volverían a ver. Los apóstoles no entendían lo que Jesús quería decir, así que le preguntaron. Y Jesús les respondió –

> Cuando una mujer está en trabajo de parto siente dolor
> porque el bebé está a punto de llegar.
> Pero cuando le entregan el niño
> se olvida del dolor.
>
> Ella se siente feliz porque
> un niño vino al mundo.
>
> Y ahora ustedes sienten dolor porque he dicho que me voy.
> Pero los volveré a ver,
> y entonces su corazón se llenará de felicidad.
> Y nadie les quitará esa felicidad.
>
> Jesús, Juan 16:21-22
>
> Su dolor se convertirá en celebración.
> Jesús, Juan 16:20

El niño tendrá una mala vida
En realidad, hay personas que dicen que un niño debe ser abortado para evitar que tenga una mala vida. ¿Querrían que alguien tomara esa decisión por ellos? Gritarían: ¡mis derechos! El niño en el vientre materno no puede ser escuchado. ¿No deberíamos dejarlos nacer y luego preguntarles si prefieren ser asesinados o arriesgarse a tener una mala vida?

Atención médica de las mujeres
El aborto mata a la pequeña mujer en el vientre materno. ¿Qué clase de atención médica para mujeres es esa? La opción moralmente correcta, la opción sana, es dejar vivir al niño. ¿Sabes quién sufre más con el aborto?

Son las mujeres que se los hacen. Los niños que son asesinados en el vientre están ahora en el Paraíso disfrutando de placeres que no podemos imaginar. Entonces, ¿los matamos? No, no tenemos derecho a matarlos.

Privacidad

Las personas en el gobierno dijeron que el aborto debe ser legal para proteger el derecho a la privacidad de la mujer. Recuerda nuestra Guía. El niño en el vientre materno es una persona, no es diferente a tu hija de cinco años. ¿Y si la matas y te llevan a juicio? ¿Desestimaría el juez el caso debido a tu derecho a la privacidad? El derecho a la privacidad no convierte el mal en bien.

Si tu preocupación es la privacidad, piensa en esto. La privacidad del niño es violada cuando invades su espacio para matarlo. Tendrás que responder ante Dios por ello. Dios tiene el derecho de entrometerse en tu privacidad cuando quiera. Y Dios dijo que el gobierno debe entrometerse en tu privacidad si estás planeando un asesinato.

Los derechos de las mujeres

¿Puedes ver cómo te están engañando? La mujer que aborta obtiene sus derechos y puede seguir con su vida. La niña abortada, esa pequeña mujer, no. Ya está muerta. Las personas que dicen que quieren que el aborto sea legal para proteger los derechos de las mujeres, ¿qué están haciendo? Les están quitando el derecho más importante, más sagrado, el derecho a vivir, a las mujeres abortadas.

¿Ves cómo te insultan? Creen que eres estúpida. Demuestra que están equivocados. Mira la verdad. ¿Cuál de las siguientes cosas sería peor para una mujer? ¿Dar a luz a un bebé? ¿O que unos intrusos irrumpan en su casa por la noche, la saquen de su cama, la ataquen violentamente y la maten? Una mujer embarazada tiene que enfrentarse a lo primero. La pequeña mujer en el vientre tiene que lidiar con lo segundo.

¿Esto te afecta? Eso es el aborto. Esa niña abortada no llega a crecer y vivir su vida. Está muerta. Sí, en algunos lugares se obliga a las niñas a casarse con hombres y a quedarse embarazadas contra su voluntad.

Ese tipo de cosas horribles ocurren por culpa de personas pecadoras y malos gobiernos. Es deshonesto utilizar eso como argumento a favor del aborto. Sigue sin cambiar el hecho de que el aborto mata a un niño. No hace que esté bien usar el aborto como una forma de control de la natalidad.

Una guerra contra las mujeres

Los Sanguinarios dicen que los Speakfors han declarado la guerra a las mujeres. Lo dicen por una razón –para despertar sus sentimientos de justa indignación. ¿Cómo se atreven a hacer eso a las mujeres? Cuando te calmes, para y piensa. ¿Qué han hecho? Han conseguido que no pienses en el hecho de que el aborto es el espantoso asesinato de pequeñas mujeres y hombres en el vientre de su madre. ¿Qué pasa con esa guerra contra las mujeres? ¿Cómo te sientes ahora que sabes que han jugado con tus emociones para engañarte?

> Yo soy la verdad. La verdad te hará libre.
> Jesús, Juan 8:32; 14:6

No sólo te di de comer un pescado. Te enseñé a pescar. Ahora puedes desenmascarar los argumentos mentirosos. Sólo tienes que aprender a mirar a nuestra Guía. Mira a la verdad. Jesús es la Verdad.

¿Por qué castiga Dios a las personas?

Te mostraré cómo Dios castiga la desobediencia y te mostraré algunas razones. No es sólo para Israel. El mismo principio se aplica a todos. Dios hizo un ejemplo con Israel para enseñarnos y advertirnos.

1 Corintios 10:6

Esto es lo que Dios dijo–

Debes tener el deseo de escapar del mal y preocuparte por hacer todo lo que te he dicho que hagas en las leyes escritas en el Libro.

Pero si no me obedeces entonces no me estás mostrando respeto. No te estás parando en temor ante el poderoso y maravilloso nombre – DEL SEÑOR TU DIOS.

Y entonces, Yo, el Señor, enviaré aflicciones extrañas para atormentarte –aflicciones fuertes y graves– y enfermedades dolorosas para las que no hay cura. Te golpearán como un rayo.

Traeré sobre ti todas las enfermedades que te hicieron temer cuando las cuando las traje sobre los egipcios. Esas enfermedades se te pegarán.

Y traeré sobre ti toda enfermedad y toda aflicción que no está escrita en el Libro de la Ley, hasta que seas destruido.

Y si tus descendientes también se niegan a obedecerme entonces ellos también sufrirán el mismo castigo.

Deuteronomio 28:58-61

Dios nos castiga para darnos una lección a nosotros y a los demás. Y Dios nos castiga para que clamemos a Él. Agradece a Dios si te ha castigado. Dios castiga a los que ama. Quiere que clames a Él porque Él es la Vida eterna.

En 1 Corintios 5:1-13, el apóstol Pablo les dijo a los cristianos de Corinto que echaran a un hombre de su iglesia y lo mandaran al diablo. ¿Por qué? Porque el hombre se acostaba con la mujer de su padre. Era obvio. Todos en la iglesia lo sabían, pero lo dejaron continuar. ¿Por qué dijo Pablo que lo mandaran al diablo?

Para que el hombre fuera tan oprimido por el diablo que quisiera volver a Dios. Dije que te mostraría las razones por las que Dios castiga a las personas. Esa es una –para que se vuelvan a Dios. El castigo de Dios es amor verdadero.

Ver Hebreos 12:5-6 y Apocalipsis 3:19

Cuando los hijos de Israel entraron en la Tierra Prometida todavía había algunos de los ocupantes anteriores viviendo allí –

> El Señor dejó a esas naciones allí para poder averiguar si los hijos de Israel le serían fieles y obedecerían sus leyes.
> Jueces 3:4

Las personas preguntan por qué Dios simplemente no mata al diablo. Algunos preguntan por qué Dios no mata a todas las personas malas. Entonces Él nos habría matado a todos. Llegará el día en que Dios matará al diablo y a todas las personas malas que no obedezcan a Jesús. Pero por ahora, el diablo y las personas malas juegan un papel importante en el plan de Dios. Puedes ver un patrón en el Libro de los Jueces –

> 1) Los hijos de Israel hicieron cosas malas.
>   Las hicieron a la vista de todos,
>   sin importarles que Dios pudiera ver lo que estaban haciendo.
>   Se olvidaron del Señor su Dios.
>   Y en su lugar obedecieron a los dioses cananeos.
>   Jueces 3:7

> La ira de Dios se encendió contra ellos por eso.
> Así que los puso en manos del
> rey de Mesopotamia
> quien obligó a los hijos de Israel
> a realizar trabajos duros durante ocho años.
> Jueces 3:8

> Y los hijos de Israel clamaron al Señor.
> Y el Señor suscitó un salvador llamado Otoniel
> que los rescató.   Jueces 3:9

2) Los hijos de Israel volvieron a hacer el mal,
sin importarles que Dios pudiera verlos.
Jueces 3:12

Y el Señor fortaleció al rey de Moab que
obligó a los hijos de Israel a servirle durante dieciocho años.
Jueces 3:12-14

Entonces los hijos de Israel clamaron al Señor.
Jueces 3:15

Y el Señor suscitó un salvador llamado Aod que los rescató.
Jueces 3:15-30

---

3) Después de la muerte de Aod, los hijos de Israel volvieron a hacer
el mal a los ojos del Señor.
Jueces 4:1

Y el Señor vendió a los hijos de Israel a la mano del rey
de Canaán, quien los oprimió fuertemente durante veinte años.
Jueces 4:2-3

Y los hijos de Israel clamaron al Señor.
Jueces 4:3

En Jueces 4:4-24 leemos cómo Dios utilizó esta vez a las mujeres,
Débora y Jael, para rescatar a los hijos de Israel.

---

4) Los hijos de Israel hicieron el mal ante los ojos del Señor.

Y el Señor puso a los hijos de Israel en manos de
los madianitas, que los oprimieron durante siete años.
Jueces 6:1-2

Entonces los hijos de Israel clamaron al Señor.
Jueces 6:6

En Jueces 6:7-7:25, Dios levantó a un salvador llamado Gedeón
para rescatar a los hijos de Israel de los madianitas.

5) Y los hijos de Israel volvieron a hacer el mal ante los ojos del Señor.
Jueces 10:6

Y la ira del Señor se encendió contra ellos.
Los vendió en manos de los filisteos y de los
amonitas, que aplastaron a los hijos de Israel
y los oprimieron durante dieciocho años.
Jueces 10:7-8

Entonces los hijos de Israel clamaron al Señor.
Dijeron: "Hemos pecado contra ti.
Hemos dejado a nuestro Dios y hemos obedecido a
a los dioses de los cananeos.
Jueces 10:10

Y el Señor dijo a los hijos de Israel
Yo os libré de los egipcios
y de los amorreos, y de los filisteos.

Y cuando fuisteis oprimidos por los sidonios
y los amalecitas, y los maonitas,
clamasteis a mí, y yo os libré de sus manos.

Pero me habéis vuelto a dejar y habéis obedecido a los dioses
cananeos.
Por eso, ya no os libraré más.
Vayan y clamen a los dioses que han elegido.
Dejen que ellos los liberen de su dolor.

Los hijos de Israel dijeron al Señor: hemos pecado.
Haz con nosotros lo que creas que merecemos.
Pero, por favor, rescátanos hoy.
Y los hijos de Israel se apartaron de los dioses cananeos
y obedecieron al Señor.

El Señor no podía soportar más ver sufrir a su pueblo.
Así que Dios utilizó a un hombre llamado Jefté para rescatarlo.
Jueces 10:11-16; 11:1-12:7

6) Entonces los hijos de Israel volvieron a hacer el mal ante los ojos del Señor.
Jueces 13:1

Y el Señor los puso en manos de los filisteos
quienes los oprimieron durante cuarenta años.
Jueces 13:1

En Jueces 13:2-16:31, puedes leer cómo Dios hizo que un hombre llamado Sansón se levantara y rescatara a los hijos de Israel.

¿Por qué les seguía ocurriendo esto a los hijos de Israel? Es muy sencillo. Dios nos lo dice dos veces en el Libro de los Jueces. Todo lo que hicieron fue correcto a sus propios ojos. Esto significa que no obedecieron las leyes de Dios. Las cosas malas suceden cuando las personas rompen las leyes de Dios.

Todos hicieron lo que era correcto a sus propios ojos.
Jueces 17:6

Todos hicieron lo que era correcto a sus propios ojos.
Jueces 21:25

¿Por qué envió Dios a personas a oprimir a los hijos de Israel? Porque los amaba. Sabía que una vez que sus enemigos se apoderaran de ellos, clamarían a Él para que los rescatara. Dios nos está enseñando. Nos está mostrando un patrón.

Todos nosotros dejamos a Dios para poder obedecer a nuestros ídolos. Nuestros enemigos son el diablo y sus ministros. Dios levantó al Salvador, Jesucristo. Y cuando clamemos a Jesús, entonces Él nos librará de nuestros enemigos.

Lo que debemos aprender de esto es lo grave que es dejar a Dios y obedecer a ídolos en su lugar.

Y deberíamos darnos cuenta de cuánto nos ama Dios. Mira lo que Dios hizo para liberarnos. Dios mismo vino y vivió una vida perfecta en un cuerpo humano.

Lo hizo para poder morir por nosotros. Eso es amor. Dios es amor.

> Dios es amor.
> 1 Juan 4:8,16

Dios es nuestro Salvador–

> Si confiesas con tu boca que Jesús es el Señor
> y crees en tu corazón que Dios resucitó a Jesús de entre los
> muertos, entonces serás salvo.
> Romanos 10:9

Entonces puedes decir esto–

> Te doy gracias, Dios.
> Estabas enojado
> conmigo, pero has
> alejado tu ira
> y ahora te compadeces de mí.
>
> ¡Todo ha cambiado!
> Con Dios como mi salvación estoy a salvo y seguro.
> No tengo miedo. Dios es mi fuerza y mi canción.
> Él me ha rescatado.
>
> Con alegría yo saco agua de los pozos de la salvación.
> Honra al Señor. Invócalo. Di a las personas lo que Él puede
> hacer.
> Haz saber que Dios vive en las máximas alturas.
>
> Canta sobre el Señor.
> Haz que todo el mundo conozca las
> cosas excelentes que Él hace.

Grita de alegría. Canta con alegría, ciudadano de Jerusalén,
    porque grande es el Santo de Israel en medio de vosotros.
                    Isaías 12:1-6

Jesús es el Santo. Y tú eres Israel si crees en Jesús como tu Señor y Salvador. Eres un ciudadano de la Nueva Jerusalén. Al apóstol Juan se le mostró lo que sucederá cuando Jesús regrese. Juan nos dio esta descripción de lo que vio

> Vi un cielo nuevo y una tierra nueva.
> El viejo cielo y la vieja tierra habían desaparecido
> – ya no existían.
> Y no había más océanos, todo estaba en calma.
>
> Y yo Juan vi la ciudad santa, la Nueva Jerusalén
> bajando de Dios desde el cielo.
> La ciudad parecía una novia a punto de encontrarse con su marido.
>
> Y oí una voz maravillosa del Cielo que decía,
> ¡Mira! Dios hará su hogar con las personas.
> Él vivirá entre ellas.
> Ellos serán sus personas,
> y Él será su Dios con ellas.
>
> Y las manos de Dios enjugarán todas las lágrimas de sus ojos.
> No habrá más muerte
> – no habrá más luto ni llanto
> – y no habrá más dolor
> porque todas esas cosas habrán desaparecido para siempre.
>   Apocalipsis 21:1-4

Si recibiste a Jesús como tu Señor y Salvador entonces eres esa novia - la novia de Cristo.

Cómo encontrar algunas palabras y versículos bíblicos -

En la sección <u>palabras</u>, las palabras están ordenadas alfabéticamente según su orden en el texto original, en inglés. En la sección de <u>versículos bíblicos</u>, los versículos bíblicos se enumeran en el orden que aparecen en la Biblia.

El primer número después de cada palabra o versículo bíblico es el número de página donde se encuentra esa palabra o versículo.

Luego hay un segundo número. Está entre paréntesis ( ).
Es el número del párrafo donde se encuentra la palabra o el versículo.
Te ayudará a encontrar lo que estás buscando de forma más rápida y sencilla.

No soy un experto en la ciencia de la numeración de los párrafos.
Puede que cuente como párrafo algo que tiene una o dos líneas.
Y no he sido necesariamente consistente en lo que he contado como un párrafo. Así que usa los números como un buscador de direcciones.

Si el número es (1), entonces está en la parte superior de la página.
Los números (7) u (8) estarían en la parte inferior.
Los números (4) o (5) estarían más cerca del centro.
Más o menos.

Palabras .. Números de página .. Números de párrafo ( )

127

Versículos bíblicos....Números de página...Números de párrafo ( )

www.ingramcontent.com/pod-product-compliance
Lightning Source LLC
Chambersburg PA
CBHW021129020426
42331CB00005B/693